JN121380

まえがき

　国勢調査は、日本の人口・世帯の実態を明らかにすることを目的として実施する国の最も基本的な統計調査です。大正９年（1920年）以来ほぼ５年ごとに実施しており、令和２年（2020年）に行った調査は、その21回目に当たり、実施100年の節目となります。

　この本は、日本の人口・世帯の実態を令和２年国勢調査の結果を基に解説したものです。出生から高齢者となるまでの、いわゆるライフステージ別に、グラフを用いて解説しているのが特徴であり、ニュースなどで話題になる、少子化、未婚の割合の増加、女性の社会進出、高齢化などの社会の変化をみてとることができます。

　令和２年国勢調査の結果が、国・地方公共団体や、企業、研究機関等の方のみならず、広く一般の方々に活用されることを願ってやみません。

　また、令和２年国勢調査は、新型コロナウイルス感染症流行下での実施となりました。この本の刊行に際し、そうした厳しい状況の中、今回の国勢調査にご回答いただいた皆様に心から感謝の意を表する次第です。

　　令和５年３月

　　　　　　　　　　　　　　　　　　　　総務省統計局長

　　　　　　　　　　　　　　　　　　　井上　卓

この本をご覧になるに当たって

1. 本文及びグラフ中の数値

① 　グラフ等に表記した数値は便宜1000未満、100未満、小数点以下などを四捨五入していることがあります。そのため、内訳を足しても合計と一致しないことがあります。なお、増減率や割合などの各種計算値の算出に当たっては、単位未満を含んだ数値を用いています。

② 　割合は、特に注記のない限り、分母から不詳を除いて算出し、又は不詳補完値により算出しています。

③ 　地域別の2015年～2020年の増減率の計算における2015年の人口（世帯数）は、2020年の境域によって組み替えたものを使用しています。同様に、地域別の2010年～2015年の増減率の計算における2010年の人口（世帯数）は、2015年の境域によって組み替えたものを使用しています。よってグラフ等に表記している数値から計算したものと必ずしも一致しません。

④ 　不詳補完値については「用語の解説」の48ページ用語㉕を参照してください。

2. グラフをみる際の注意点及び用語の解説

① 　グラフをみる際の注意点があるものについては、右下の 注意点 マークに書かれたページ番号を参照してください。

② 　専門的な用語については、41～48ページ「用語の解説」でまとめて解説しています。

統計局のイメージキャラクター紹介

＜センサスくん＞

　センサスくんは、国勢調査が赤ちゃんからお年寄りまで一人の漏れもなく調査しなければならないことから、未来の時代を担う赤ちゃんをイメージキャラクターとして平成2年国勢調査で誕生しました。

　なお、「センサスくん」の名前の由来は、英語で「国勢調査」を意味する「Census（センサス）」からきています。

＜みらいちゃん＞

　みらいちゃんは、インターネットによる回答を促進するための新たなイメージキャラクターとして、平成27年国勢調査で誕生しました。

目　次

1 人口 －社会のみえない変化－

　普段の生活では目にみえませんが、人口の構造は変化しています。男女・年齢や地域の違いによってどのような変化が起きているのかみていきましょう。

Q1　昔と今の人口ピラミッドを比べると何がわかる？

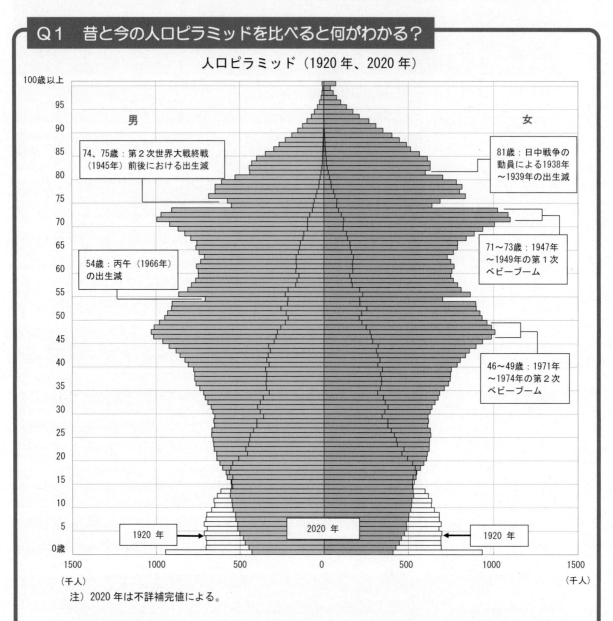

人口ピラミッド（1920年、2020年）

注）2020年は不詳補完値による。

A　1920年に比べて、2020年は70歳代前半や40歳代後半の人口が特に多く、15歳未満の人口が少ない

※　「丙午（ひのえうま）」とは干支の一つ。60年に一度、まわってきます。この年に生まれた女性は気が強い性格になるという迷信から、子供をもうけることを避ける夫婦が増え、人口が極端に少ない年になったと考えられています。

1

Q2 日本の人口は何人？

人口及び人口増減率の推移ー全国（1920年〜2020年）

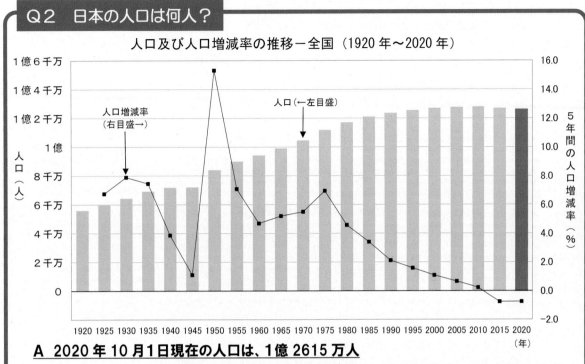

A 2020年10月1日現在の人口は、1億2615万人

◆ 2015年（0.8％減）は、1920年の調査開始以来、初めての人口減少となり、2020年（0.7％減）も引き続き人口減少

◆ 人口増減率は、日中戦争、太平洋戦争の影響で低下し、その後の第1次ベビーブームで急上昇。第2次ベビーブームにより1975年に大きく上昇するが、その後低下

注意点① P.39

Q3 男性と女性の数は年齢でどう変化している？

男女、年齢（5歳階級）別人口及び人口性比ー全国（2020年）

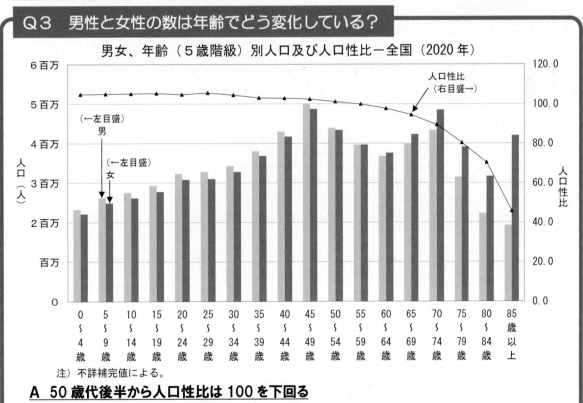

注）不詳補完値による。

A 50歳代後半から人口性比は100を下回る

◆ 65歳未満人口の人口性比は100に近い結果となっているが、65歳以上人口については年齢が上がるほど大幅な低下がみられる

◆ 30歳代以上は年齢階級が上がるほど人口性比は低下

Q4 人口の年齢構成はどう変化している？

年齢（3区分）別人口の割合の推移－全国（1920年～2020年）

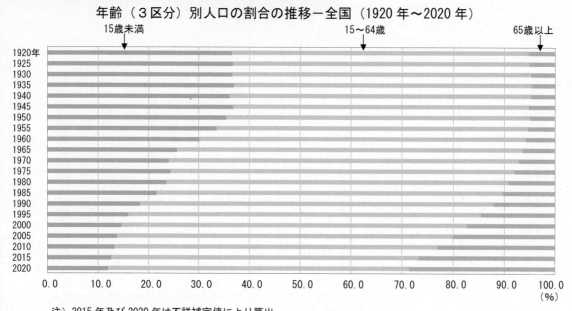

15歳未満　　　　　　　　15～64歳　　　　　　　65歳以上

注）2015年及び2020年は不詳補完値により算出

A　15歳未満人口の割合は低下、65歳以上人口の割合は上昇

◆ 15歳未満人口の割合は1980年以降低下が続き、2020年は11.9%で調査開始以来最低

◆ 65歳以上人口の割合は1955年以降上昇が続き、2020年は28.6%で調査開始以来最高

注意点② P.39

Q5 働く世代の人口はどう変化している？

15～64歳の人口及び人口増減率の推移－全国（1920年～2020年）

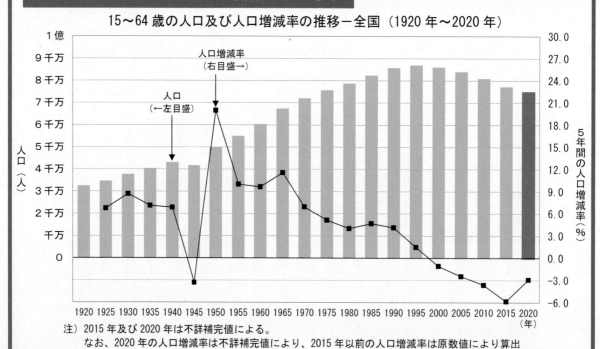

注）2015年及び2020年は不詳補完値による。
　　なお、2020年の人口増減率は不詳補完値により、2015年以前の人口増減率は原数値により算出

A　1950年以降15～64歳人口は増加していたが、1995年をピークに減少に転じた

◆ 2020年の15～64歳人口は、2015年と比べて227万人（2.9%）の減少

※　15～64歳人口は生産年齢人口と呼ばれています。

人口－都道府県（2020 年）

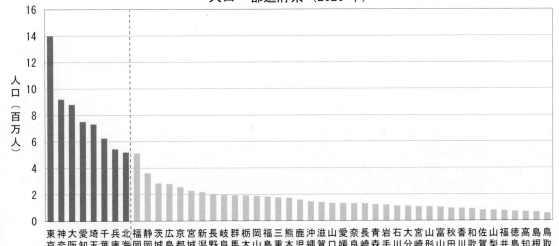

A　東京都（1405 万人）で、全国の1割以上を占める

◆　東京都は最も人口が少ない鳥取県（55 万人）の 25 倍以上

◆　人口上位8都道府県を合わせると、全国の5割以上を占める

人口増減率－都道府県（2020 年）

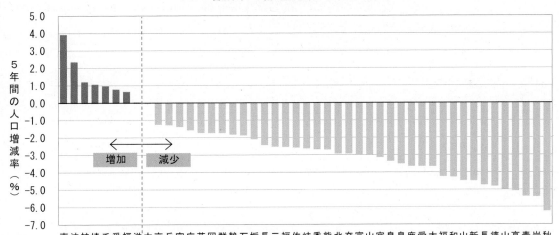

A　東京都、沖縄県、神奈川県、埼玉県など8都県で人口が増加

◆　秋田県、岩手県、青森県、高知県など 39 道府県では人口が減少

◆　最も人口増加率の高い都道府県は東京都（3.9%）

◆　最も人口減少率の高い都道府県は秋田県（6.2%）

※　市区町村別人口増減率は 59 ページの人口地図をご覧ください。

注意点③　P.39

Q8　5年前と比べて、人口が減少している市町村の割合はどれくらい？

人口増減率階級別市町村数の割合の推移（2005年～2020年）

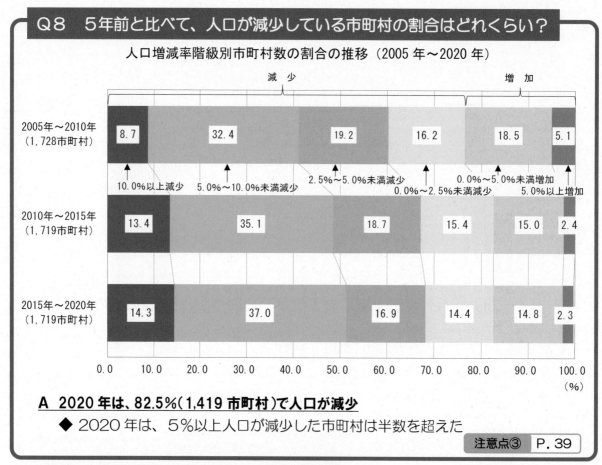

A　2020年は、82.5％（1,419市町村）で人口が減少

◆ 2020年は、5％以上人口が減少した市町村は半数を超えた

Q9　日本の人口は世界で何番目に多い？

世界各国の人口（2020年）

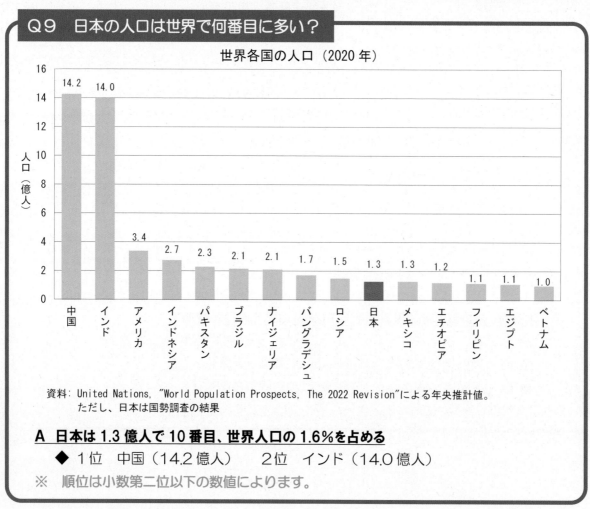

資料: United Nations, "World Population Prospects, The 2022 Revision"による年央推計値。
　　　ただし、日本は国勢調査の結果

A　日本は1.3億人で10番目、世界人口の1.6％を占める

◆ 1位　中国（14.2億人）　　2位　インド（14.0億人）

※　順位は小数第二位以下の数値によります。

人は生まれ、成長し、大人になり、老いていきます。国勢調査の結果から、ライフステージごとにどのような特徴があるのかがみえてきます。

Q1 ライフステージによって、家族構成はどのように変わる？

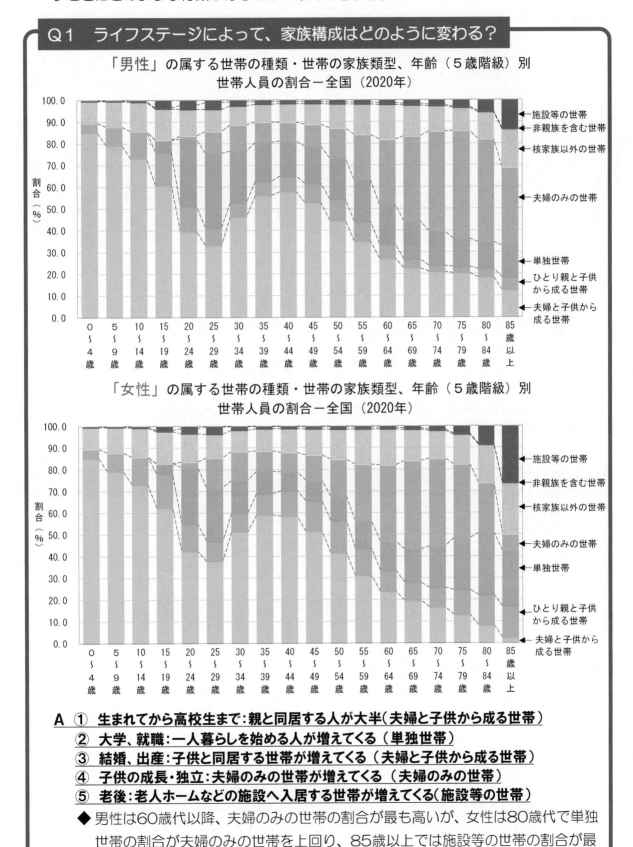

「男性」の属する世帯の種類・世帯の家族類型、年齢（５歳階級）別
世帯人員の割合－全国（2020年）

「女性」の属する世帯の種類・世帯の家族類型、年齢（５歳階級）別
世帯人員の割合－全国（2020年）

A ① **生まれてから高校生まで：親と同居する人が大半（夫婦と子供から成る世帯）**
　② **大学、就職：一人暮らしを始める人が増えてくる（単独世帯）**
　③ **結婚、出産：子供と同居する世帯が増えてくる（夫婦と子供から成る世帯）**
　④ **子供の成長・独立：夫婦のみの世帯が増えてくる（夫婦のみの世帯）**
　⑤ **老後：老人ホームなどの施設へ入居する世帯が増えてくる（施設等の世帯）**
　◆ 男性は60歳代以降、夫婦のみの世帯の割合が最も高いが、女性は80歳代で単独世帯の割合が夫婦のみの世帯を上回り、85歳以上では施設等の世帯の割合が最も高くなる

2-1　こども　－次世代の担い手は？－

　「一学年３クラスから２クラスに減った」「近くの学校が廃校になった」などという話を聞いたことがある人もいることでしょう。15歳未満人口の数は年々減ってきています。少子化の現状についてみていきましょう。

Q1　15歳未満人口はどれくらい？

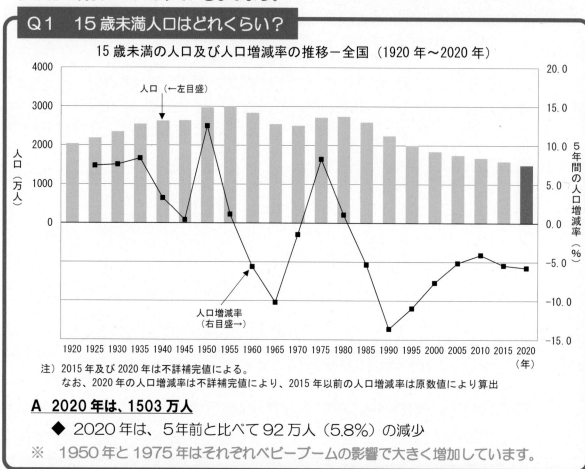

15歳未満の人口及び人口増減率の推移－全国（1920年～2020年）

注）2015年及び2020年は不詳補完値による。
　　なお、2020年の人口増減率は不詳補完値により、2015年以前の人口増減率は原数値により算出

A　2020年は、1503万人

◆　2020年は、5年前と比べて92万人（5.8%）の減少

※　1950年と1975年はそれぞれベビーブームの影響で大きく増加しています。

Q2　5年前と比べて、15歳未満人口が増加した都道府県はどこ？

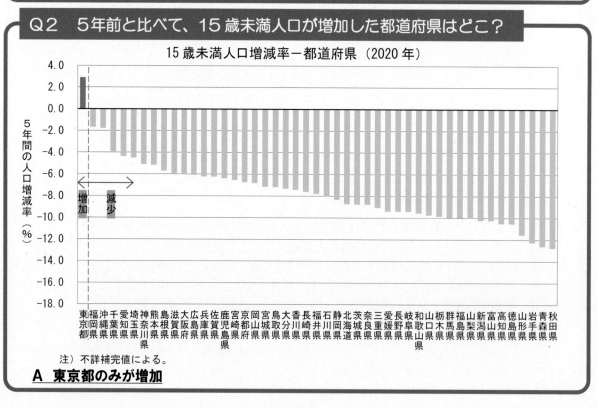

15歳未満人口増減率－都道府県（2020年）

注）不詳補完値による。

A　東京都のみが増加

15歳未満人口の割合－都道府県（2020年）

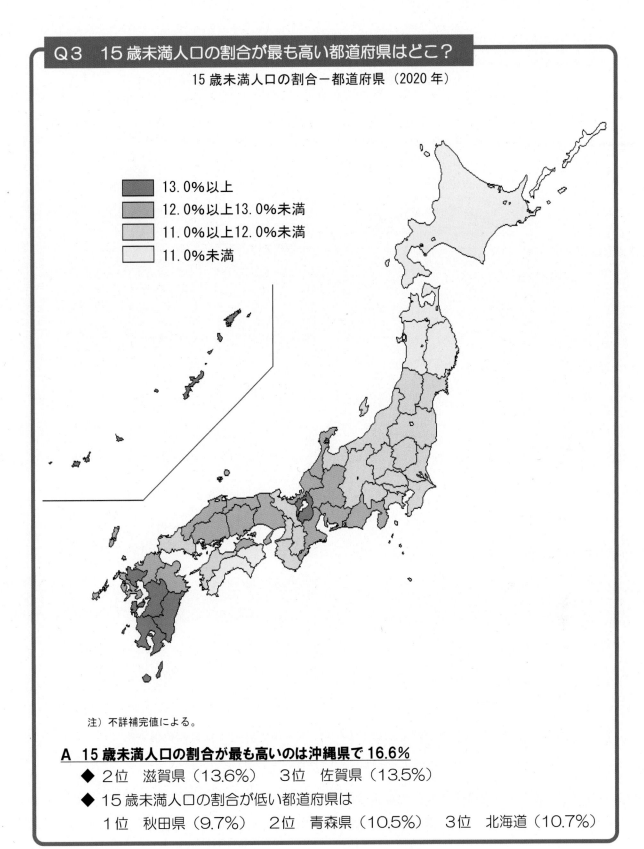

■	13.0％以上
▨	12.0％以上13.0％未満
▨	11.0％以上12.0％未満
□	11.0％未満

注）不詳補完値による。

A 15歳未満人口の割合が最も高いのは沖縄県で16.6％

◆ 2位 滋賀県（13.6％） 3位 佐賀県（13.5％）

◆ 15歳未満人口の割合が低い都道府県は

1位 秋田県（9.7％） 2位 青森県（10.5％） 3位 北海道（10.7％）

15 歳未満人口の割合の推移－諸外国との比較（1950 年～2020 年）

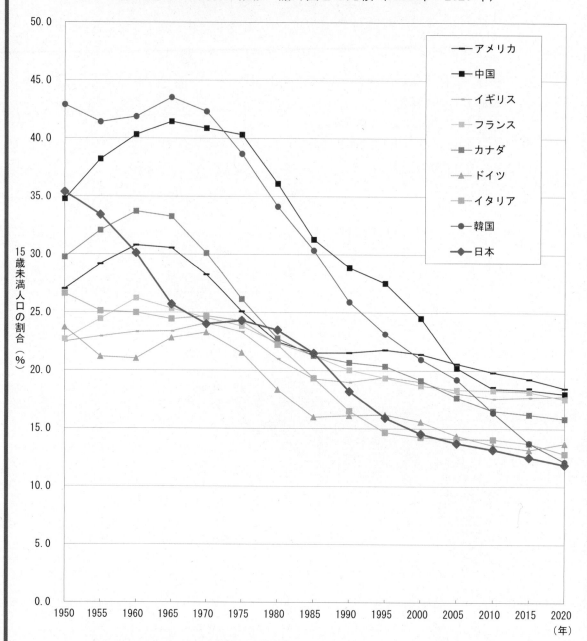

凡例：
- アメリカ
- 中国
- イギリス
- フランス
- カナダ
- ドイツ
- イタリア
- 韓国
- 日本

資料：United Nations, "World Population Prospects, The 2022 Revision"による年央推計値。
　　　ただし、日本は国勢調査の結果
注）日本の 2015 年及び 2020 年は不詳補完値により算出

A　2020 年の 15 歳未満人口の割合は諸外国の中で、最も低い水準（11.9％）

　◆　諸外国の中で 15 歳未満人口の割合が低いのは、
　　　2位　韓国（12.2％）　　　3位　イタリア（12.9％）

※　ここでいう諸外国とは、G7（日本、アメリカ、カナダ、イギリス、ドイツ、フランス、イタリア）、韓国及び中国を指しています。

　学問の世界に限りはありませんが、卒業は一つの区切りといえるかもしれません。学校の種類別の卒業者の割合はどのように変化しているのでしょうか？　また、年齢によってその割合はどのように異なるのでしょうか？

Q1　卒業者の最終卒業学校の割合が高いのは？

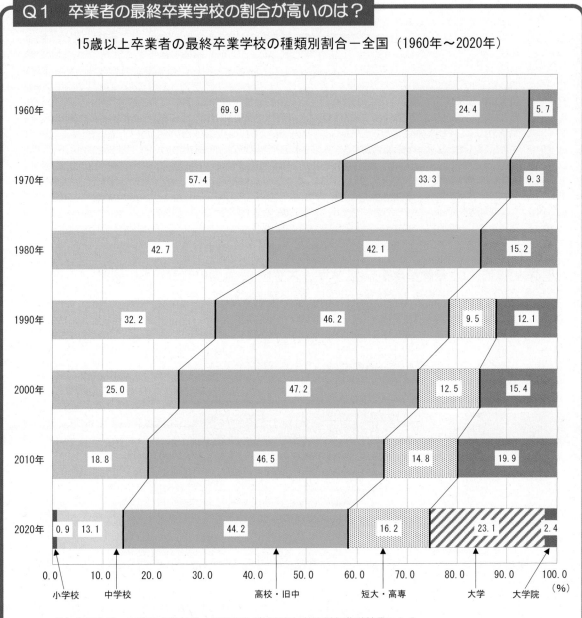

15歳以上卒業者の最終卒業学校の種類別割合－全国（1960年～2020年）

注）1960年は1％抽出集計結果、1970年及び1980年は抽出詳細集計結果による。

A　2020年は、「高校・旧中」卒業者が最も多く44.2％

◆　「短大・高専」、「大学」及び「大学院」の卒業者の割合が年を経るごとに上昇

※　1980 年以前は、「短大・高専」、「大学」及び「大学院」を「高等教育」として分類しています。

※　1990 年～2010 年は、「小学校」及び「中学校」を「小学校・中学校」に、「大学」及び「大学院」を「大学・大学院」にそれぞれ分類しています。

Q2 最終卒業学校は年齢によってどのように違うの？

15歳以上人口の年齢（5歳階級）、在学か否かの別・最終卒業学校の種類別
割合－全国（2020年）

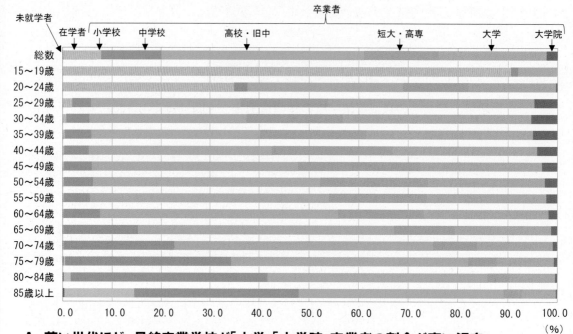

A 若い世代ほど、最終卒業学校が「大学」「大学院」卒業者の割合が高い傾向

◆ 20歳代後半～40歳代後半では、最終卒業学校が「短大・高専」「大学」「大学院」
の割合が半数を超える

◆ 年齢階級が高くなるにつれ、最終卒業学校が「小学校」「中学校」の割合が高く
なる傾向があり、80歳代以上では4割を超える

注意点④ P.39

Q3 大学・大学院の男女比はどうなっているの？

大学・大学院在学者の男女別割合（1980年～2020年）

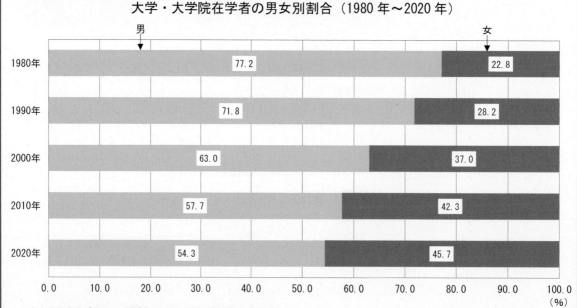

A 2020年は、男性54.3％、女性45.7％

◆ 1980年は、男性は77.2％、女性は22.8％であったが、差は年を経るごとに
縮まっている

　引っ越しを経験したことがありますか？　国勢調査では、どれだけの人が、どこへ移動したのかを調べています。特に移動が多いのは20〜30歳代の若者たち。進学、就職、転勤、結婚、出産などライフステージの変化に合わせて、住む場所を変える人が多いからでしょうか？　また、どの都道府県に移動したかについてみると、国内での人の動きもみえてきます。

Q1　引っ越しをする人が多いのは何歳くらいの人？

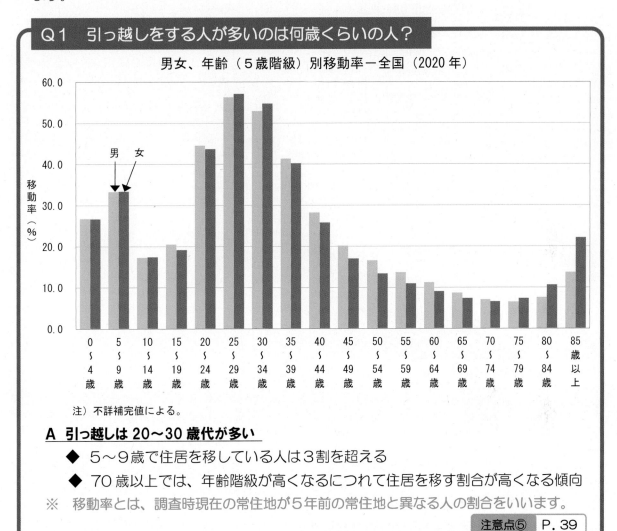

男女、年齢（5歳階級）別移動率－全国（2020年）

注）不詳補完値による。

A　引っ越しは20〜30歳代が多い

◆　5〜9歳で住居を移している人は3割を超える

◆　70歳以上では、年齢階級が高くなるにつれて住居を移す割合が高くなる傾向

※　移動率とは、調査時現在の常住地が5年前の常住地と異なる人の割合をいいます。

注意点⑤　P.39

《ポイント》

10歳未満の子供は、親と一緒に引っ越しをしていることが考えられます。

20〜30歳代の若者は進学や就職、転勤、結婚などのため、85歳以上の高齢者は老人ホームなどの施設に入所するため引っ越しをしていることが考えられます。

転出者の割合－都道府県（2020年）

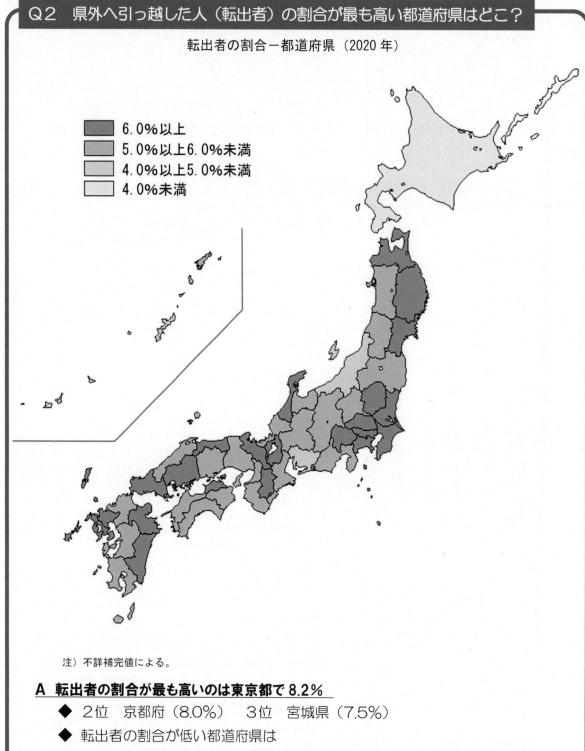

- 6.0％以上
- 5.0％以上6.0％未満
- 4.0％以上5.0％未満
- 4.0％未満

注）不詳補完値による。

A　転出者の割合が最も高いのは東京都で8.2％

◆　2位　京都府（8.0％）　3位　宮城県（7.5％）

◆　転出者の割合が低い都道府県は

　　1位　北海道（3.7％）　2位　沖縄県（4.5％）　3位　新潟県（4.7％）

※　転出者の割合は、5年前の常住地が県外の者を5年前の常住地別に集計し、5年前の常住人口で割って算出しています。

Q3　県外から引っ越してきた人（転入者）の割合が最も高い都道府県はどこ？

転入者の割合－都道府県（2020 年）

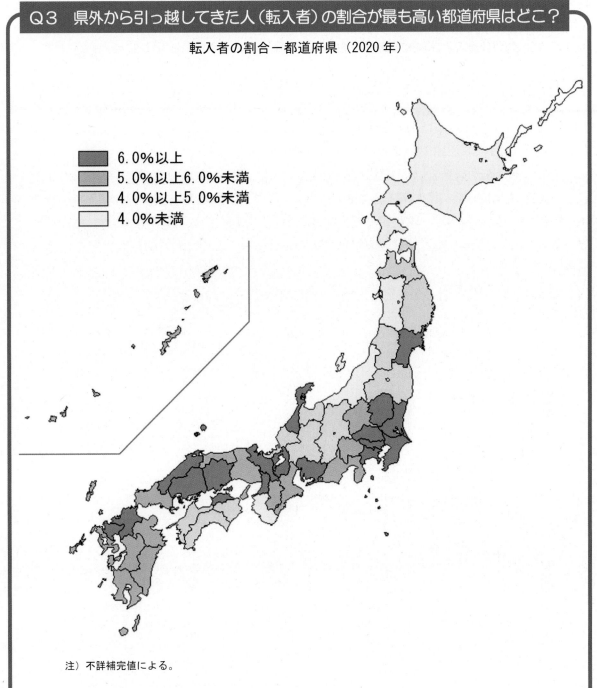

6.0％以上
5.0％以上6.0％未満
4.0％以上5.0％未満
4.0％未満

注）不詳補完値による。

A　転入者の割合が最も高いのは東京都で 12.4％

◆　２位　神奈川県（8.6％）　３位　千葉県（8.6％）

◆　転入者の割合が低い都道府県は

　　１位　北海道（3.4％）　２位　新潟県（3.5％）　３位　秋田県（3.7％）

※　順位は小数第二位以下の数値によります。

※　転入者の割合は、５年前の常住地が県外及び国外の者を常住人口で割って算出しています。

14

転入者数から転出者数を差し引いた数を転入・転出超過数といい、これをみることにより地域間の移動に伴う正味の人口増減がわかります。また、転入・転出超過数が正になる場合を転入超過数といい、負になる場合を転出超過数といいます。2015 年と 2020 年の都道府県の転入・転出超過数を以下グラフに表します。

　2020 年の転入超過数は、東京都が 63 万 8 千人と最も多く、次いで神奈川県（13 万 9 千人）、大阪府（11 万 1 千人）などとなっています。2015 年も東京都の転入超過数が 54 万 7 千人と最も多く、東京都へ人口が集中している傾向にあることがわかります。

　2020 年の転出超過数は、青森県が 3 万 1 千人と最も多く、次いで新潟県（2 万 7 千人）、長崎県（2 万 4 千人）などとなっています。2015 年は福島県が 6 万 5 千人と最も多く、これは 2011 年に発生した東日本大震災の影響を受けたものと考えられます。

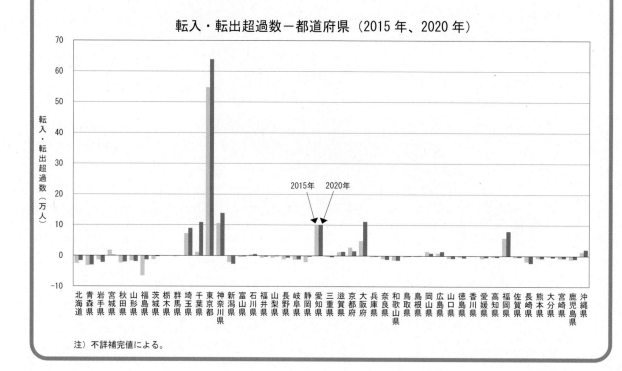

転入・転出超過数－都道府県（2015 年、2020 年）

注）不詳補完値による。

2-4　通勤・通学　－電車？車？それとも…？－

　みなさんは毎日、学校や職場へどのようにして通っていますか？　「徒歩」という人もいれば、「電車で他県へ」という人もいるでしょう。通勤・通学に利用する交通手段や、昼と夜の人口が大きく異なる地域についてみていきましょう。

Q1　どうやって通勤・通学している人の割合が高い？

15歳以上通勤者・通学者の利用交通手段別割合－全国（2020年）

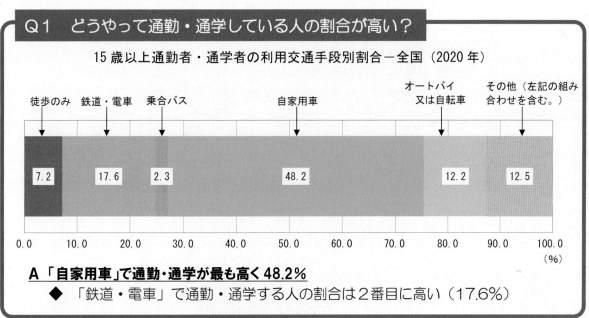

A 「自家用車」で通勤・通学が最も高く48.2%

　◆　「鉄道・電車」で通勤・通学する人の割合は2番目に高い（17.6%）

Q2　地元で働いている人はどれくらい？

就業者の従業地別割合－全国（2020年）

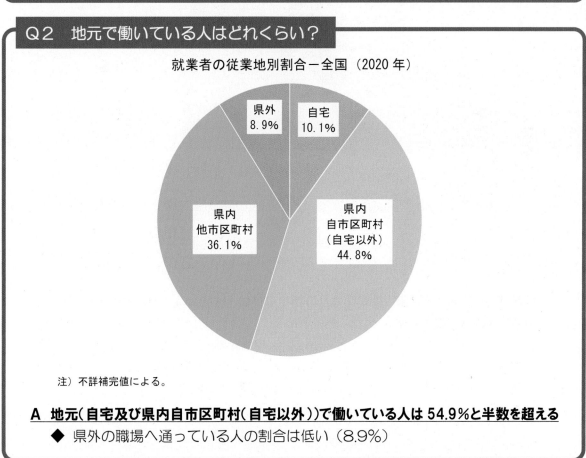

注）不詳補完値による。

A 地元（自宅及び県内自市区町村（自宅以外））で働いている人は54.9%と半数を超える

　◆　県外の職場へ通っている人の割合は低い（8.9%）

16

昼夜間人口比率－都道府県（2020 年）

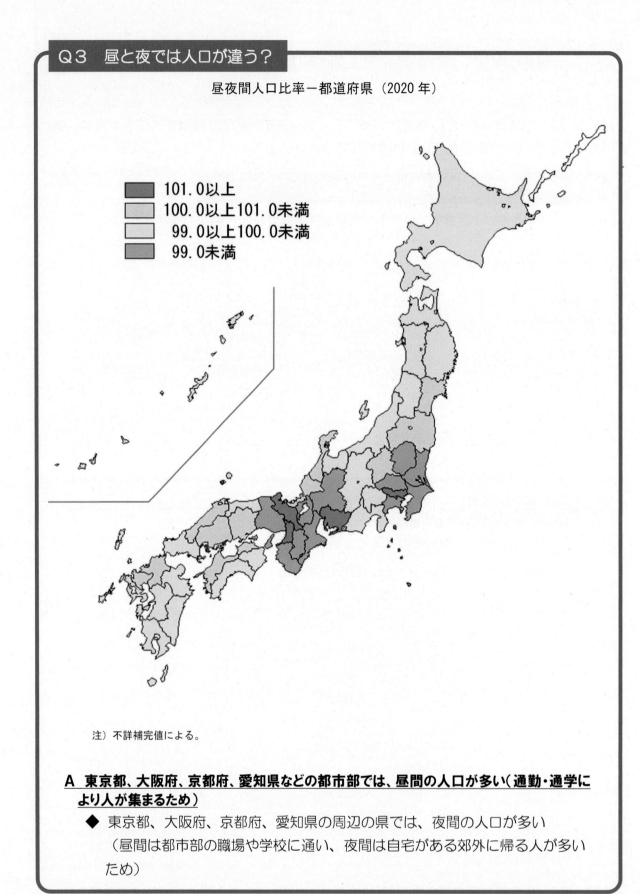

101.0以上
100.0以上101.0未満
99.0以上100.0未満
99.0未満

注）不詳補完値による。

A　東京都、大阪府、京都府、愛知県などの都市部では、昼間の人口が多い（通勤・通学に より人が集まるため）

◆　東京都、大阪府、京都府、愛知県の周辺の県では、夜間の人口が多い

　　（昼間は都市部の職場や学校に通い、夜間は自宅がある郊外に帰る人が多い

　　ため）

2-5 労働 －働く人々－

　少子高齢化が進む日本。働く人は減っていくのでしょうか？　一方で、女性が自らの希望に応じて活躍することも期待されています。多様なライフスタイルに合わせた働き方が求められる中、働く人はどう変わってきているか、みてみましょう。

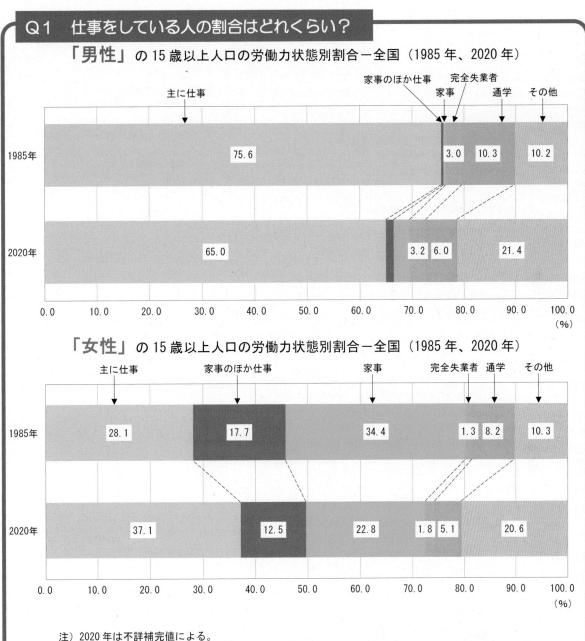

Q1　仕事をしている人の割合はどれくらい？

「男性」の15歳以上人口の労働力状態別割合－全国（1985年、2020年）

主に仕事／家事のほか仕事／家事／完全失業者／通学／その他

	主に仕事	家事のほか仕事 家事	完全失業者 通学	その他
1985年	75.6	3.0	10.3	10.2
2020年	65.0	3.2　6.0	21.4	

0.0　10.0　20.0　30.0　40.0　50.0　60.0　70.0　80.0　90.0　100.0（％）

「女性」の15歳以上人口の労働力状態別割合－全国（1985年、2020年）

主に仕事／家事のほか仕事／家事／完全失業者／通学／その他

	主に仕事	家事のほか仕事	家事	完全失業者 通学	その他
1985年	28.1	17.7	34.4	1.3　8.2	10.3
2020年	37.1	12.5	22.8	1.8　5.1	20.6

0.0　10.0　20.0　30.0　40.0　50.0　60.0　70.0　80.0　90.0　100.0（％）

注）2020年は不詳補完値による。

A　2020年は、男性は「主に仕事」の割合が65.0％と高いが、1985年に比べてその割合は低下。女性は「主に仕事」の割合が上昇し、「家事のほか仕事」及び「家事」の割合が低下　高齢化の影響もあり、男性・女性共に「その他」の割合が上昇

※　1985年に男女雇用機会均等法が成立し、翌1986年4月から施行されました。

注意点⑥　P.39

Q2　労働力率を男女別でみてみると？

男女別 15 歳以上労働力率の推移－全国（1950 年～2020 年）

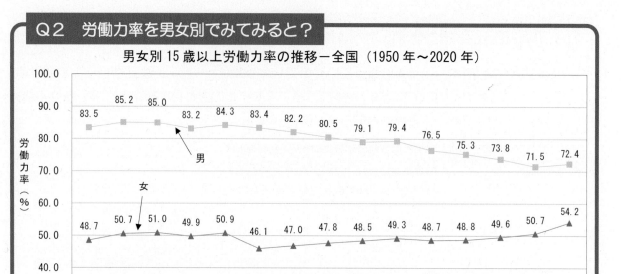

注）2015年及び2020年は不詳補完値による。

A　2020 年の労働力率は男性が女性よりも2割程度高い

◆ 2020 年の労働力率は 1950 年に比べて男性は低下したが、女性は上昇

◆ 2020 年の女性の労働力率は過去最高

Q3　年齢別に労働力率をみてみると、どんな形になる？

男女、年齢（5 歳階級）別 15 歳以上労働力率－全国（1985 年、2015 年、2020 年）

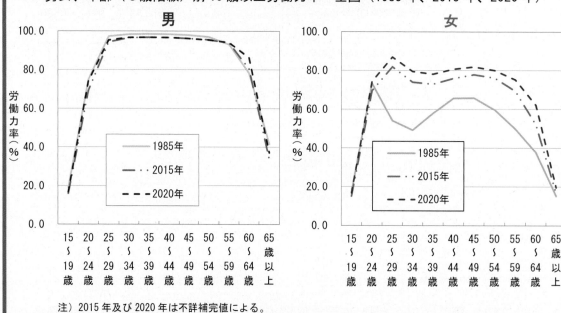

注）2015 年及び 2020 年は不詳補完値による。

A　男性の労働力率は台形、女性の労働力率はM字カーブを描くも、近年その底は上昇

◆ 男性は、25～59 歳の労働力率が9割を超える

◆ 女性は、25～29 歳、40～54 歳の労働力率が、2020 年では8割を超える

◆ 女性は 1985 年当時、結婚、育児などにより 20 歳代後半～30 歳代で離職する人が多かったが、近年は働き続ける人が多い

19

男女、年齢（5歳階級）別正規雇用率－全国（2010年～2020年）

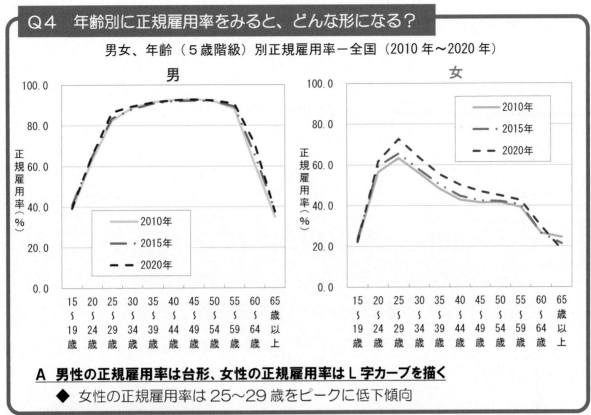

A　男性の正規雇用率は台形、女性の正規雇用率はL字カーブを描く

◆　女性の正規雇用率は25～29歳をピークに低下傾向

女性の15歳以上就業者の従業上の地位別割合の推移－全国（2010年～2020年）

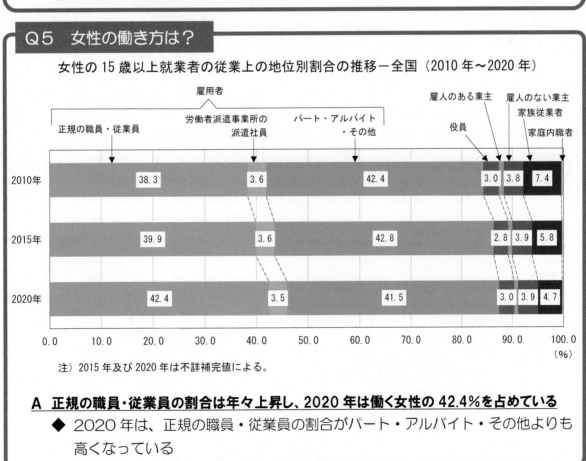

注）2015年及び2020年は不詳補完値による。

A　正規の職員・従業員の割合は年々上昇し、2020年は働く女性の42.4％を占めている

◆　2020年は、正規の職員・従業員の割合がパート・アルバイト・その他よりも高くなっている

2-6 産業・職業 ーどんな仕事をしている？ー

日本ではどのような仕事に就く人が増えているのでしょうか？ 男性と女性でどのような違いがあるのかについてもみていきましょう。

Q1 どの産業に就いている人が多い？

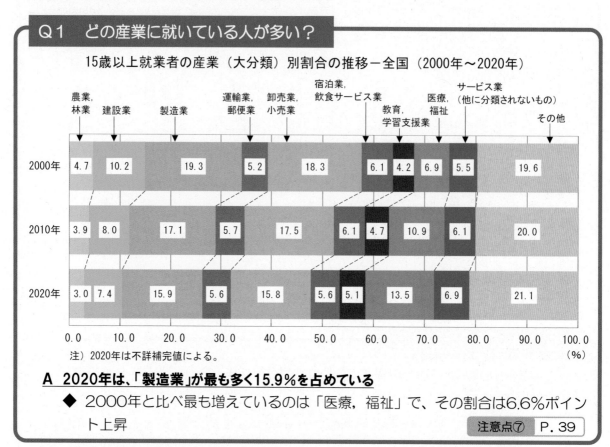

15歳以上就業者の産業（大分類）別割合の推移ー全国（2000年～2020年）

注）2020年は不詳補完値による。

A 2020年は、「製造業」が最も多く15.9％を占めている

◆ 2000年と比べ最も増えているのは「医療，福祉」で、その割合は6.6％ポイント上昇

注意点⑦ P.39

Q2 男性と女性で、産業ごとの就業者の割合はどのように違う？

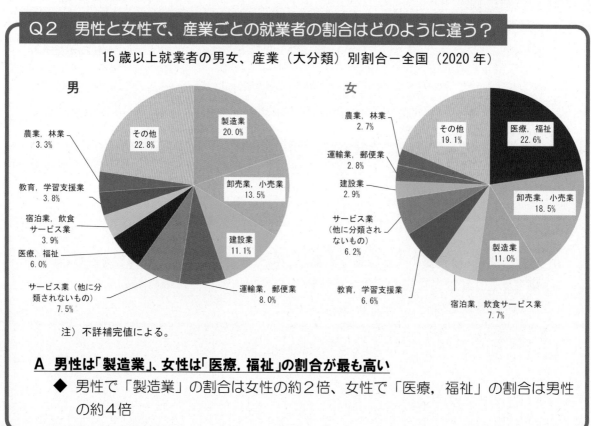

15歳以上就業者の男女、産業（大分類）別割合ー全国（2020年）

注）不詳補完値による。

A 男性は「製造業」、女性は「医療，福祉」の割合が最も高い

◆ 男性で「製造業」の割合は女性の約2倍、女性で「医療，福祉」の割合は男性の約4倍

15歳以上就業者の職業（大分類）別割合の推移－全国（2000年～2020年）

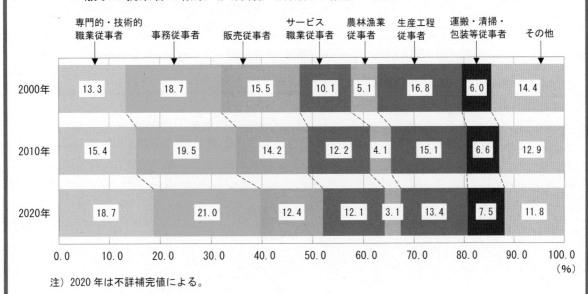

注）2020年は不詳補完値による。

A　2020年は、「事務従事者」が最も多く21.0%を占めている

◆ 2000年と比べ最も増えているのは「専門的・技術的職業従事者」で、その割合は5.4%ポイント上昇

注意点⑧　P.40

15歳以上就業者の職業（大分類）、従業上の地位別割合－全国（2020年）

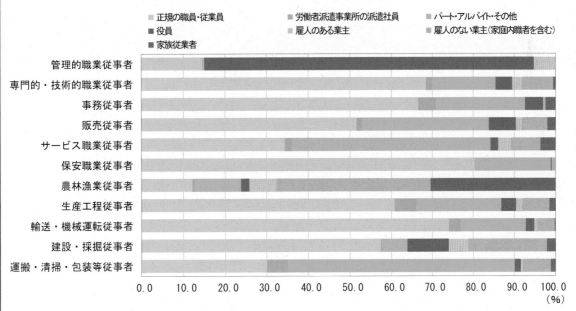

注）不詳補完値による。

A　「保安職業従事者」は全ての職業の中で「正規の職員・従業員」の割合が最も高く80.3%。「運搬・清掃・包装等従事者」は同様に「パート・アルバイト・その他」の割合が最も高く55.1%

◆ 同様に「生産工程従事者」は「労働者派遣事業所の派遣社員」の割合が最も高く、「管理的職業従事者」は「役員」の割合が最も高い

個人の価値観が尊重されるようになった現在、結婚観も人それぞれ異なるようになりました。一方、「未婚」の割合の上昇が少子化の原因になっているともいわれています。一人一人の結婚観の変化が、実は社会へ大きな影響を与えているのかもしれません。

Q1　未婚の割合は増えているの？

男女、年齢（5歳階級）別の「未婚」の割合の推移－全国（1950年～2020年）

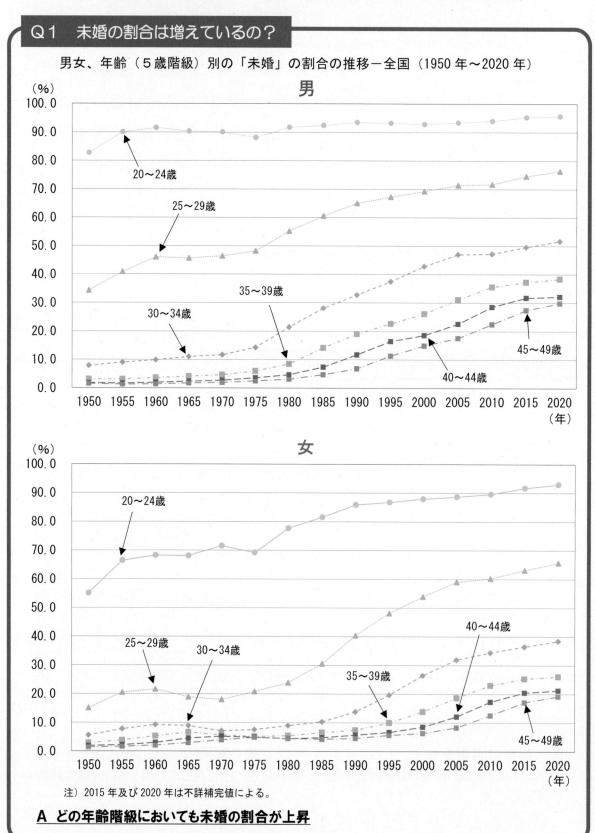

注）2015年及び2020年は不詳補完値による。

__A　どの年齢階級においても未婚の割合が上昇__

23

Q2 未婚（結婚したことのない人）と有配偶（結婚している人）の割合が逆転するのは何歳？

25～34歳人口の男女、年齢、配偶関係別割合－全国（2020年）

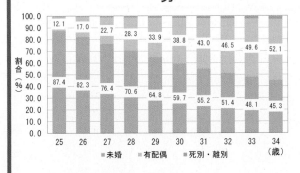

男

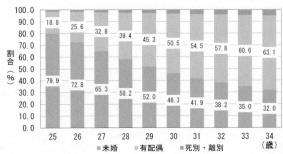

女

注）不詳補完値による。

A 男性は33歳、女性は30歳で逆転

◆ 25～34歳の全ての年齢で、女性の方が「有配偶」の割合が高い

Q3 夫婦共働き世帯の割合はどれくらい？

一般世帯における夫婦共働き世帯数及び夫婦共働き世帯の割合の推移－全国（1980年～2020年）

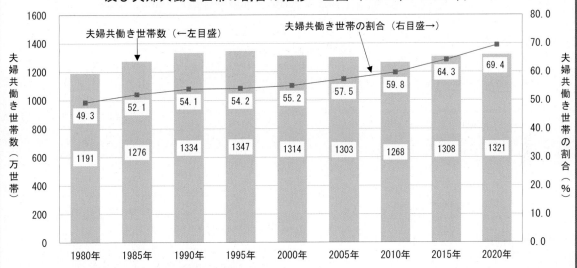

夫婦共働き世帯数（←左目盛）

夫婦共働き世帯の割合（右目盛→）

A 2020年は、69.4％と7割に迫る

◆ 夫婦共働き世帯の割合は、年を経るごとに上昇

※ 夫婦共働き世帯の割合については、夫婦のうち夫が就業している一般世帯数を分母にして算出しています。

《ポイント》

夫婦共働き世帯の割合は、1985年以降緩やかに上昇しています。結婚、育児などの時期も働き続ける女性が増えている状況がうかがえます。

2-8　家族　－これからは「一人暮らし」？－

　買い物をした際、お惣菜などのパックが以前より小さくなったように感じたことはありませんか？　その背景には、一人暮らしの世帯が増えたことがあるのかもしれません。

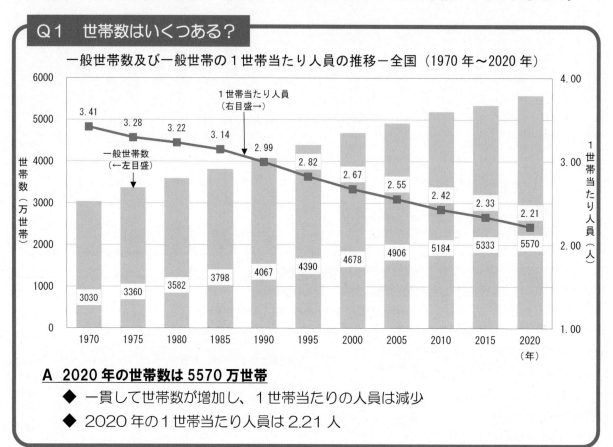

Q1　世帯数はいくつある？

一般世帯数及び一般世帯の１世帯当たり人員の推移－全国（1970年～2020年）

A　2020年の世帯数は5570万世帯

◆　一貫して世帯数が増加し、１世帯当たりの人員は減少

◆　2020年の１世帯当たり人員は2.21人

《ポイント》

人口が減少したにもかかわらず、世帯の数が増えている理由として、１世帯当たりの人員が減っていることが考えられます。例えば一人暮らしの人は１人で１世帯と数えられるため、人口が減少していても一人暮らしの人が増えると、世帯数は増加します。

Q2 何人世帯が最も多い？

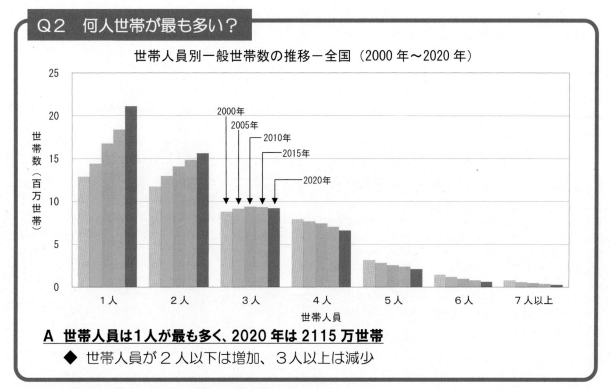

世帯人員別一般世帯数の推移－全国（2000年～2020年）

A 世帯人員は1人が最も多く、2020年は2115万世帯

◆　世帯人員が2人以下は増加、3人以上は減少

Q3 家族構成で最も割合が高いのは？

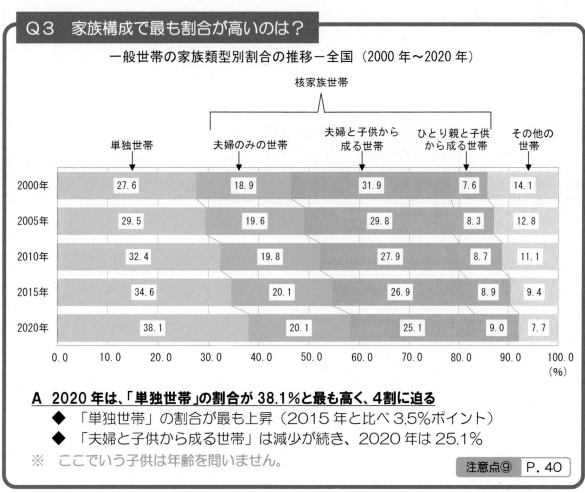

一般世帯の家族類型別割合の推移－全国（2000年～2020年）

A 2020年は、「単独世帯」の割合が38.1％と最も高く、4割に迫る

◆　「単独世帯」の割合が最も上昇（2015年と比べ3.5％ポイント）

◆　「夫婦と子供から成る世帯」は減少が続き、2020年は25.1％

※　ここでいう子供は年齢を問いません。

注意点⑨　P.40

26

一般世帯のうち単独世帯の割合－都道府県（2020年）

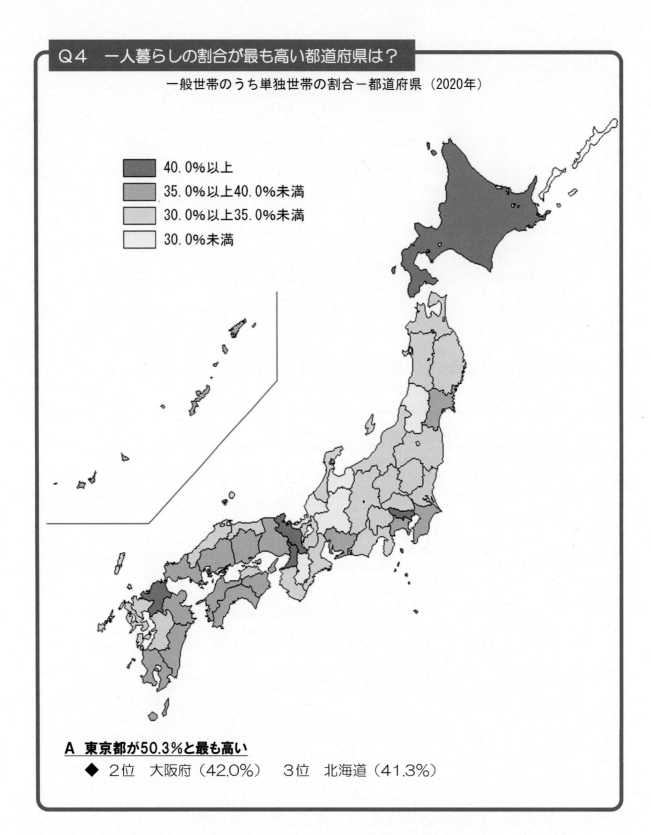

40.0％以上

35.0％以上40.0％未満

30.0％以上35.0％未満

30.0％未満

A　東京都が50.3％と最も高い

◆　2位　大阪府（42.0％）　3位　北海道（41.3％）

27

2-9　住宅　－現代の住宅事情は？－

　「自分の家が欲しい」という夢をもったことはありませんか？　持ち家に住む世帯は増えているのでしょうか？　また、地域によって違いはあるのでしょうか？　日本の住宅事情についてみていきましょう。

Q1　持ち家に住んでいる世帯の割合はどれくらい？

住宅に住む一般世帯の住宅の所有の関係別割合の推移－全国（1980年～2020年）

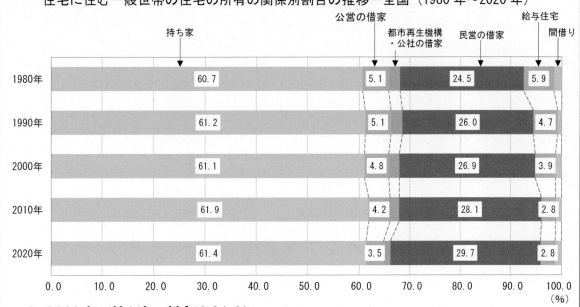

A　2020年の持ち家の割合は61.4%

◆　持ち家に住む世帯の割合は、この40年にわたり大きな変化がない

注意点⑩　P.40

Q2　持ち家に住むのは何歳から？

15歳以上世帯主の年齢（5歳階級）別
住宅に住む一般世帯の「持ち家」の割合－全国（2020年）

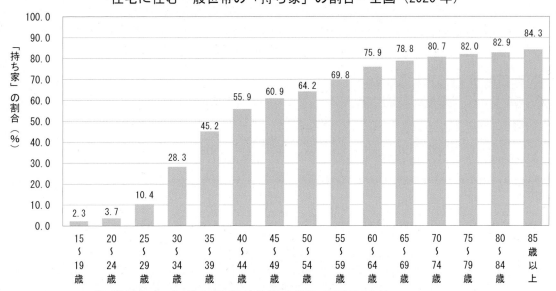

A　40～44歳で「持ち家」に住む割合が半数を超える（55.9%）

◆　世帯主の年齢階級が高くなるにつれて「持ち家」に住む世帯の割合は上昇し、70歳代前半で8割を超える

28

住宅に住む一般世帯の「持ち家」の割合－都道府県（2020年）

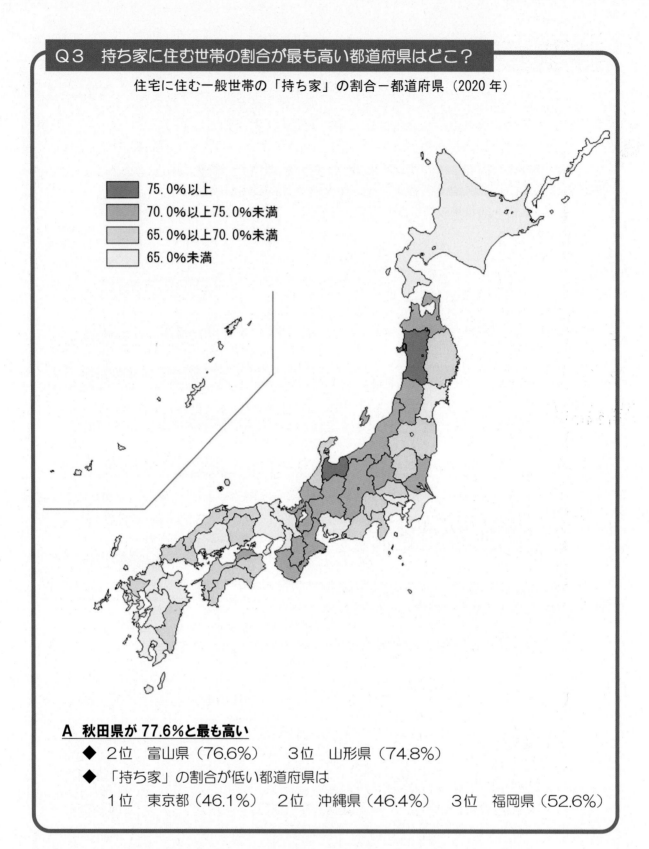

75.0%以上
70.0%以上75.0%未満
65.0%以上70.0%未満
65.0%未満

A　秋田県が77.6%と最も高い

◆　2位　富山県（76.6%）　　3位　山形県（74.8%）

◆　「持ち家」の割合が低い都道府県は

　　1位　東京都（46.1%）　　2位　沖縄県（46.4%）　　3位　福岡県（52.6%）

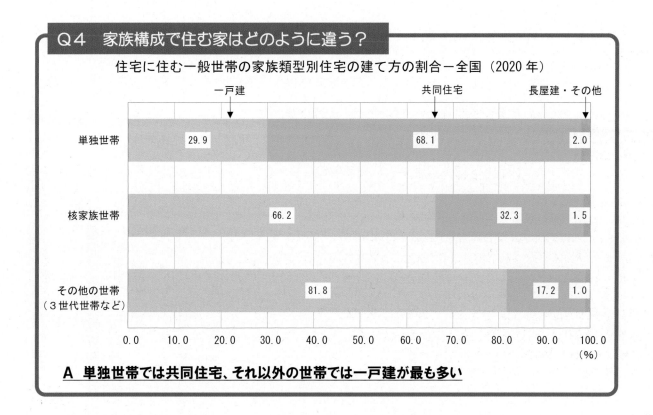

Q4　家族構成で住む家はどのように違う？

住宅に住む一般世帯の家族類型別住宅の建て方の割合－全国（2020年）

	一戸建	共同住宅	長屋建・その他
単独世帯	29.9	68.1	2.0
核家族世帯	66.2	32.3	1.5
その他の世帯 （3世代世帯など）	81.8	17.2	1.0

0.0　10.0　20.0　30.0　40.0　50.0　60.0　70.0　80.0　90.0　100.0
（％）

A　単独世帯では共同住宅、それ以外の世帯では一戸建が最も多い

《ポイント》

例えば、「夫婦，子供と両親から成る世帯」のような世帯を3世代世帯と呼びますが、これらの世帯では単独世帯や核家族世帯よりも大家族であることが多いことから、共同住宅よりも一戸建に住んでいることが多いと考えられます。

2-10 高齢者 −成熟社会の日本−

「日本は長寿国」といわれていますが、65歳以上の人口はどれくらいいるのか知っていますか？ 高齢化の実態についてみていきましょう。

Q1 65歳以上人口はどれくらい？

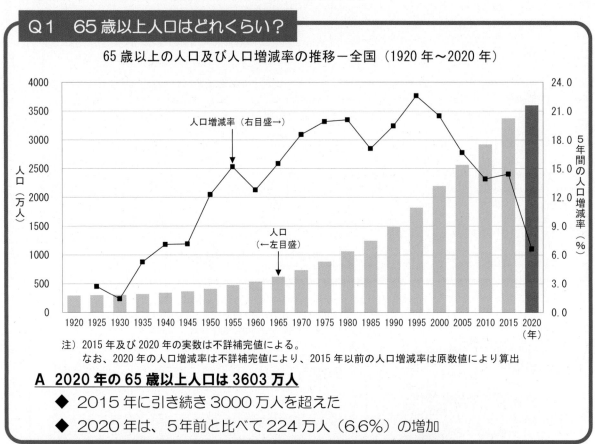

65歳以上の人口及び人口増減率の推移−全国（1920年〜2020年）

注）2015年及び2020年の実数は不詳補完値による。
　　なお、2020年の人口増減率は不詳補完値により、2015年以前の人口増減率は原数値により算出

A 2020年の65歳以上人口は3603万人

◆ 2015年に引き続き3000万人を超えた

◆ 2020年は、5年前と比べて224万人（6.6％）の増加

Q2 65歳以上で一人暮らしをしている人はどれくらい？

65歳以上世帯員のいる一般世帯の家族類型別割合の推移−全国（2005年〜2020年）

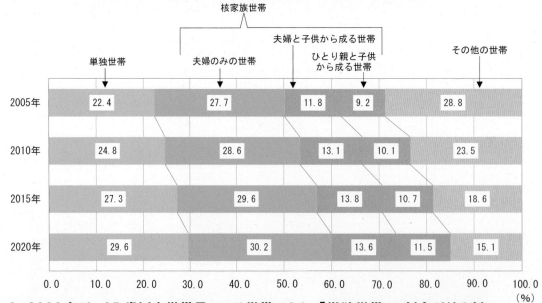

	単独世帯	夫婦のみの世帯	夫婦と子供から成る世帯	ひとり親と子供から成る世帯	その他の世帯
2005年	22.4	27.7	11.8	9.2	28.8
2010年	24.8	28.6	13.1	10.1	23.5
2015年	27.3	29.6	13.8	10.7	18.6
2020年	29.6	30.2	13.6	11.5	15.1

A 2020年は、65歳以上世帯員のいる世帯のうち、「単独世帯」の割合が約3割

◆ 単独世帯の割合が上昇する一方、3世代世帯などを含む「その他の世帯」の
　割合は低下が続く

注意点⑪ P.40

31

65歳以上人口の割合－都道府県（2020年）

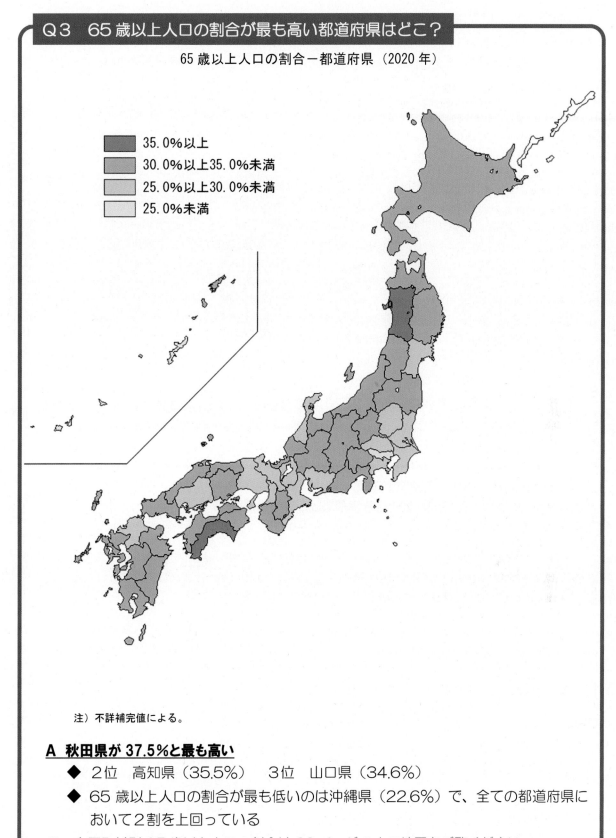

35.0％以上
30.0％以上35.0％未満
25.0％以上30.0％未満
25.0％未満

注）不詳補完値による。

A　秋田県が37.5％と最も高い

◆　2位　高知県（35.5％）　3位　山口県（34.6％）

◆　65歳以上人口の割合が最も低いのは沖縄県（22.6％）で、全ての都道府県に
　　おいて2割を上回っている

※　市区町村別65歳以上人口の割合は60ページの人口地図をご覧ください。

男女別65歳以上労働力人口及び労働力率の推移－全国（2005年～2020年）

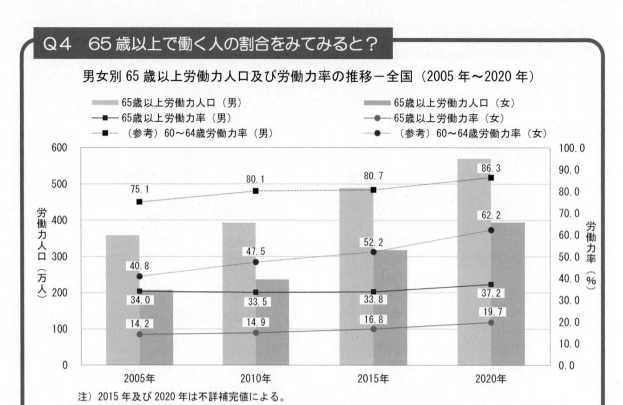

注）2015年及び2020年は不詳補完値による。

A　男性、女性共に上昇傾向にあり、2020年は男性は37.2%、女性は19.7%

◆　65歳以上労働力人口は男女共に増加し、2020年は男性は571万人、
女性は394万人

65歳以上就業者の男女、従業上の地位別割合－全国（2005年～2020年）

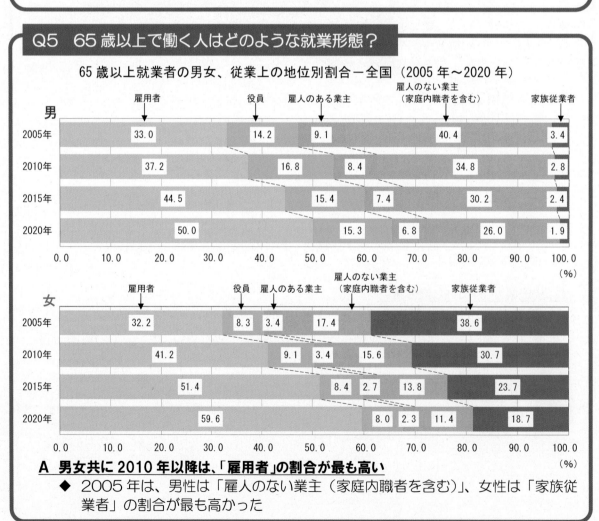

A　男女共に2010年以降は、「雇用者」の割合が最も高い

◆　2005年は、男性は「雇人のない業主（家庭内職者を含む）」、女性は「家族従
業者」の割合が最も高かった

65歳以上人口の割合の推移－諸外国との比較（1950年～2020年）

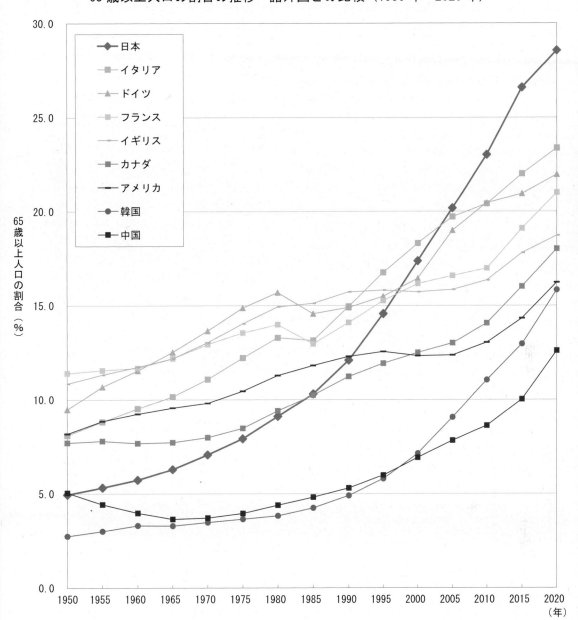

資料：United Nations, "World Population Prospects, The 2022 Revision"による年央推計値。
　　　ただし、日本は国勢調査の結果
注）日本の2015年及び2020年は不詳補完値により算出

A　2020年の65歳以上の割合は諸外国の中で、他国を引き離して最も高い水準（28.6%）

　◆ 諸外国の中で65歳以上人口の割合が高いのは、
　　 2位　イタリア（23.4%）　　3位　ドイツ（22.0%）

※ ここでいう諸外国とは、G7（日本、アメリカ、カナダ、イギリス、ドイツ、フランス、
　 イタリア）、韓国及び中国を指しています。

コラム　外国人　－Welcome to JAPAN！－

　日本にはどれくらいの外国人が住んでいるのでしょうか？　また、どの国の人が多いのでしょうか？　日本に住んでいる外国人の実態についてみていきましょう。

Q1　日本に住んでいる外国人はどれくらい？

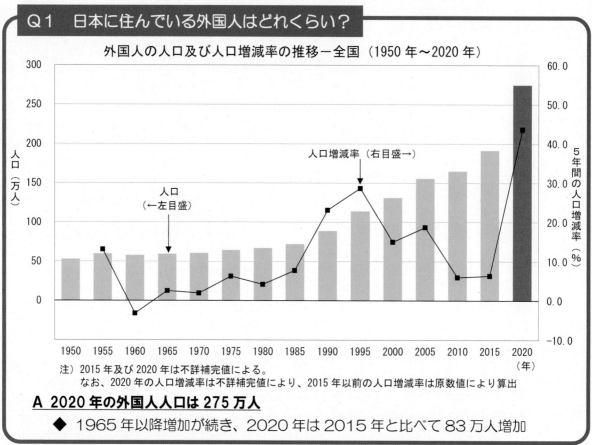

外国人の人口及び人口増減率の推移－全国（1950年～2020年）

注）2015年及び2020年は不詳補完値による。
　　なお、2020年の人口増減率は不詳補完値により、2015年以前の人口増減率は原数値により算出

A　2020年の外国人人口は275万人

◆　1965年以降増加が続き、2020年は2015年と比べて83万人増加

Q2　日本に住んでいる外国人のうち、最も多いのはどの国の人？

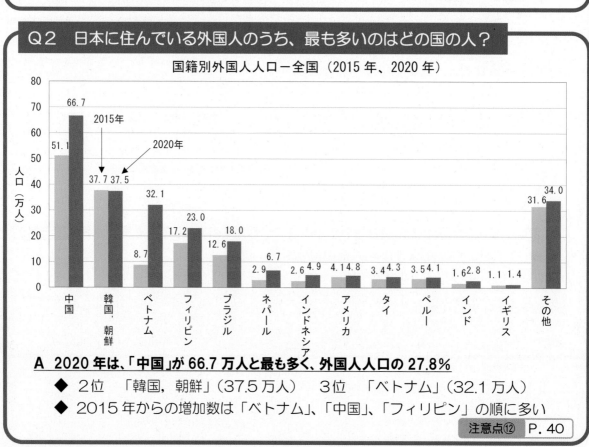

国籍別外国人人口－全国（2015年、2020年）

A　2020年は、「中国」が66.7万人と最も多く、外国人人口の27.8％

◆　2位　「韓国，朝鮮」（37.5万人）　3位　「ベトナム」（32.1万人）

◆　2015年からの増加数は「ベトナム」、「中国」、「フィリピン」の順に多い

注意点⑫　P.40

35

Q3　外国人の割合が最も高い都道府県はどこ？

都道府県人口に占める外国人人口の割合（2020 年）

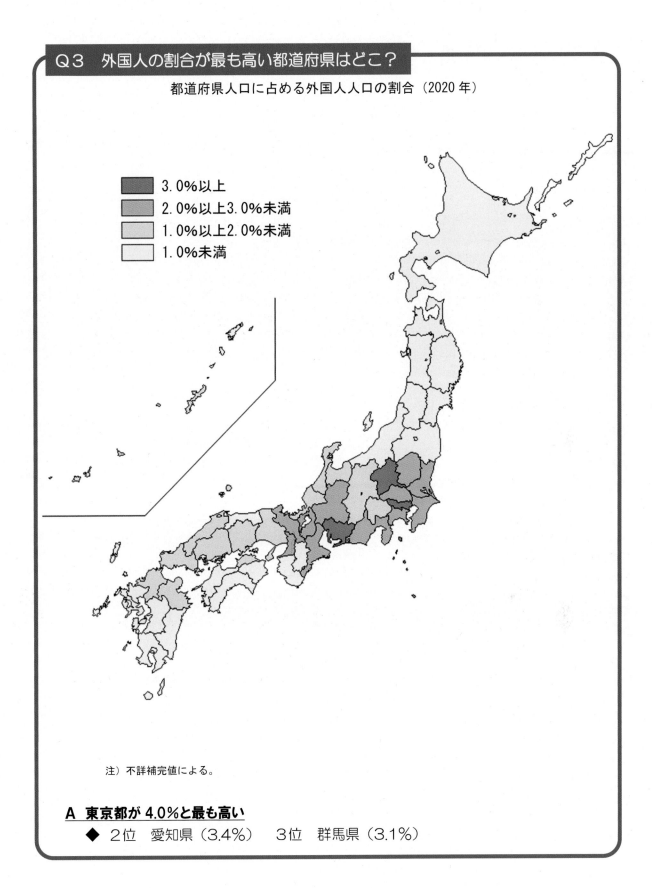

3. 0%以上
2. 0%以上3. 0%未満
1. 0%以上2. 0%未満
1. 0%未満

注）不詳補完値による。

A　東京都が 4.0%と最も高い

◆　2位　愛知県（3.4%）　　3位　群馬県（3.1%）

Q4　外国人労働者で最も多いのはどこの国の人？

国籍別外国人就業者数（2020 年）

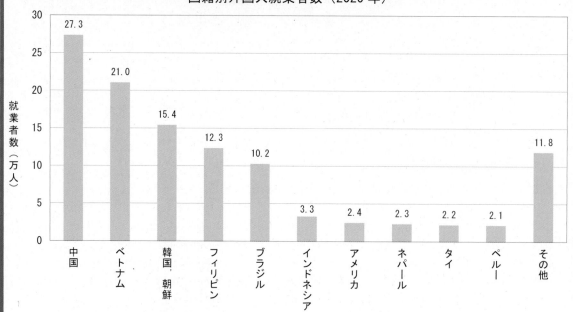

A「中国」が 27.3 万人と最も多い

　◆ 2位　「ベトナム」（21.0 万人）　3位　「韓国，朝鮮」（15.4 万人）

注意点⑫　P.40

外国人人口の年齢構成

　日本に住んでいる外国人の年齢構成をみてみると、20 歳代から 30 歳代前半が多いことがわかります。一方、日本人の年齢構成をみてみると、高齢の割合が比較的高く、若年の割合が低いことがわかります。外国人の年齢構成は、働き盛りである若年の日本人人口を補う形になっていることがわかります。

外国人及び日本人の年齢（5 歳階級）別割合（2020 年）

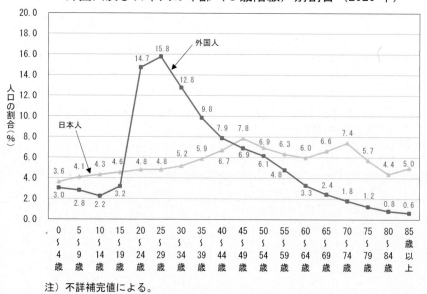

　注）不詳補完値による。

37

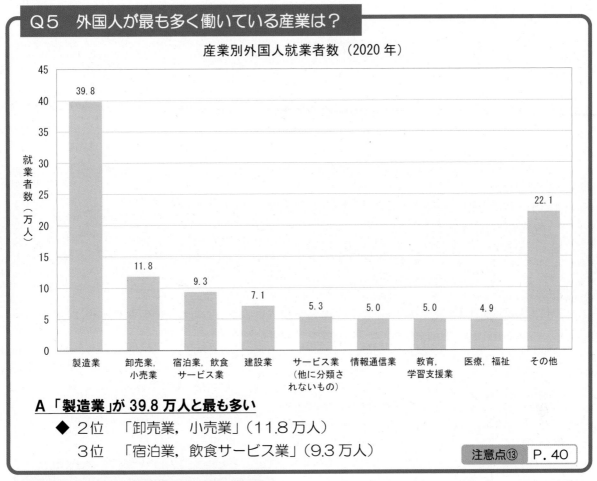

産業別外国人就業者数（2020年）

A 「製造業」が39.8万人と最も多い

◆　2位　「卸売業，小売業」（11.8万人）

　　3位　「宿泊業，飲食サービス業」（9.3万人）

注意点⑬ P. 40

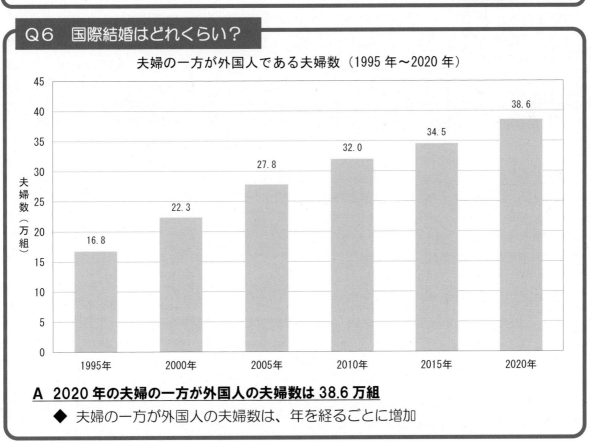

夫婦の一方が外国人である夫婦数（1995年～2020年）

A　2020年の夫婦の一方が外国人の夫婦数は38.6万組

◆　夫婦の一方が外国人の夫婦数は、年を経るごとに増加

【付録】

グラフをみる際の注意点

ここでは、グラフをみる際の注意点を記載しています。

注意点①

ア　1940年は国勢調査による人口から内地外の軍人、軍属等の推計数を差し引いた補正人口です。

イ　1945年は人口調査による人口に内地の軍人及び外国人の推計数を加えた補正人口です。沖縄県を含みません。

ウ　1945年及び1950年の人口増減率は沖縄県を含めずに算出しています。

注意点②

ア　1940年は旧外地人(朝鮮、台湾、樺太及び南洋群島)以外の外国人を除く全人口です。

イ　1945年は人口調査結果によるもので、沖縄県を含みません。

注意点③

東京都特別区部は1市として計算しています。

注意点④

「小学校」、「中学校」、「高校・旧中」、「短大・高専」、「大学」及び「大学院」の割合は、「卒業者」に占める「最終卒業学校の種類」の割合（最終卒業学校の種類「不詳」を除いて算出）に、「15歳以上人口」に占める「卒業者」の割合（在学か否かの別「不詳」を除いて算出）を乗じて算出しています。

注意点⑤

0〜4歳の人については、出生後にふだん居住していた場所を5年前の常住地とみなしています。

注意点⑥

このグラフでいう「その他」とは、「通学のかたわら仕事」、「休業者」及び「その他」です。

注意点⑦

ア　2000年の数値は、産業分類改訂に伴い、2010年以降の産業分類に組み替え集計したものです。また、一部の調査票を抽出して集計した抽出詳細集計に基づいて推計、集計しているため、基本集計（全ての調査票を用いた集計）の結果数値とは一致しません。

イ　「労働者派遣事業所の派遣社員」は、2000年では、産業大分類「サービス業（他に分類されないもの）」のうち産業小分類「労働者派遣業」に分類されていましたが、2010年以降は派遣先の産業に分類していることから、時系列比較には注意を要します。

ウ　「その他」とは、「漁業」、「鉱業，採石業，砂利採取業」、「電気・ガス・熱供給・水道業」、「情報通信業」、「金融業，保険業」、「不動産業，物品賃貸業」、「学術研究，専門・技術サービス業」、「生活関連サービス業，娯楽業」、「複合サービス事業」及び「公務（他に分類されるものを除く）」です。

注意点⑧

ア　2000年の数値は、職業分類改訂に伴い、2010年以降の職業分類に組み替え集計したものです。また、一部の調査票を抽出して集計した抽出詳細集計に基づいて推計、集計しているため、基本集計（全ての調査票を用いた集計）の結果数値とは一致しません。

イ　「その他」とは、「管理的職業従事者」、「保安職業従事者」及び「輸送・機械運転従事者」、「建設・採掘従事者」です。

注意点⑨

2000年及び2005年の数値は、2010年以降の家族類型の定義に合わせて組み替えて集計しています。

注意点⑩

住宅に住む一般世帯数は、一般世帯のうち住宅以外（寄宿舎・寮などの生計を共にしない単身者の集まりを居住させるための建物や、病院・学校・旅館・会社・工場・事務所などの居住用でない建物）に居住している世帯と住居の種類「不詳」を除いたものです。

注意点⑪

2005年の数値は、2010年以降の家族類型の定義に合わせて組み替えて集計しています。

注意点⑫

「その他」には無国籍及び国名「不詳」を含みます。

注意点⑬

「その他」とは、「農業，林業」、「漁業」、「鉱業，採石業，砂利採取業」、「電気・ガス・熱供給・水道業」、「運輸業，郵便業」、「金融業，保険業」、「不動産業，物品賃貸業」、「学術研究，専門・技術サービス業」、「生活関連サービス業，娯楽業」、「複合サービス事業」、「公務（他に分類されるものを除く）」及び「分類不能の産業」です。

ここでは、用語の解説を記載しています。

用語① 人口性比

「人口性比」とは、女性100人に対する男性の数をいいます。

$$\text{人口性比} = \frac{\text{男性人口}}{\text{女性人口}} \times 100$$

用語② 配偶関係

「配偶関係」は、届出の有無にかかわらず、実際の状態により、次のとおり区分しています。

区分	内容
未婚	まだ結婚したことのない者
有配偶	届出の有無に関係なく、配偶者のある者
死別	配偶者と死別して独身の者
離別	配偶者と離別して独身の者
不詳	未回答などにより配偶関係が判断できない場合

用語③ 一般世帯

「一般世帯」とは、総世帯から施設等の世帯（病院、社会施設などの世帯）を除いた世帯をいいます。

用語④ 家族構成

国勢調査では世帯を「一般世帯」と「施設等の世帯」の2種類に区分しています。

さらに、一般世帯はその世帯員の世帯主との続き柄により、「世帯の家族類型」として、次のとおり区分されますが、この本では便宜「家族構成」としています。

区分	内容
親族のみの世帯 ・核家族世帯 　夫婦のみの世帯 　夫婦と子供から成る世帯 　ひとり親と子供から成る世帯 ・核家族以外の世帯	二人以上の世帯員から成る世帯のうち、世帯主と親族関係にある世帯員（調査事項「世帯主との続き柄」が「世帯主又は代表者」、「世帯主の配偶者」、「子」、「子の配偶者」、「世帯主の父母」、「世帯主の配偶者の父母」、「孫」、「祖父母」、「兄弟姉妹」及び「他の親族」に該当する者）のみから成る世帯
非親族を含む世帯	二人以上の世帯員から成る世帯のうち、世帯主と親族関係にない人（調査事項「世帯主との続き柄」が「住み込みの雇人」及び「その他」に該当する者）がいる世帯
単独世帯	世帯人員が一人の世帯

用語⑤ 3世代世帯

「3世代世帯」とは、世帯主との続き柄が、祖父母、世帯主の父母（又は世帯主の配偶者の父母）、世帯主（又は世帯主の配偶者）、子（又は子の配偶者）及び孫の直系世代のうち、三つ以上

の世代が同居していることが判定可能な世帯をいい、それ以外の世帯員がいるか否かは問いません。したがって、4世代以上が住んでいる場合も含みます。また、世帯主の父母、世帯主、孫のように、子（中間の世代）がいない場合も含みます。

一方、叔父、世帯主、子のように、傍系の3世代で構成する世帯は含みません。

用語⑥　住居の種類

一般世帯について、住居を次のとおり区分しています。

区分	内容
住宅	一つの世帯が独立して家庭生活を営むことができる建物（完全に区画された建物の一部を含みます。） 一戸建の住宅はもちろん、アパート、長屋などのように独立して家庭生活を営むことができるような構造になっている場合は、区画ごとに1戸の住宅となります。
住宅以外	寄宿舎・寮など生計を共にしない単身者の集まりを居住させるための建物や、病院・学校・旅館・会社・工場・事務所などの居住用でない建物 なお、仮小屋など臨時応急的に造られた住居などもこれに含まれます。
住居の種類「不詳」	未回答などにより住居の種類が判定できない場合

用語⑦　住宅の所有の関係

住宅に居住する一般世帯について、住宅の所有の関係を、次のとおり区分しています。

区分		内容
主世帯		「間借り」以外の次の5区分に居住する世帯
	持ち家	居住する住宅がその世帯の所有である場合 なお、所有する住宅は登記の有無を問わず、また、分割払いの分譲住宅などで支払が完了していない場合も含みます。
	公営の借家	その世帯の借りている住宅が、都道府県営又は市区町村営の賃貸住宅やアパートであって、かつ「給与住宅」でない場合
	都市再生機構・公社の借家	その世帯の借りている住宅が、都市再生機構又は都道府県・市区町村の住宅供給公社・住宅協会・開発公社などの賃貸住宅やアパートであって、かつ「給与住宅」でない場合
	民営の借家	その世帯の借りている住宅が、「公営の借家」、「都市再生機構・公社の借家」及び「給与住宅」でない場合
	給与住宅	勤務先の会社・官公庁・団体などの所有又は管理する住宅に、職務の都合上又は給与の一部として居住している場合 ※　家賃の支払の有無を問わず、また、勤務先の会社又は雇主が借りている一般の住宅に住んでいる場合も含みます。
間借り		他の世帯が住んでいる住宅（「持ち家」、「公営の借家」、「都市再生機構・公社の借家」、「民営の借家」、「給与住宅」）の一部を借りて住んでいる場合

注）昭和55年～平成12年の調査で「公団・公社の借家」として調査していたものを、平成17年調査から「都市再生機構・公社の借家」に変更し調査しています。

用語⑧　持ち家の割合

「持ち家の割合」とは、住宅に住む一般世帯に占める持ち家（世帯数）の割合です。

$$持ち家の割合（％） = \frac{持ち家に住む一般世帯数}{住宅に住む一般世帯数} \times 100$$

用語⑨ 住宅の建て方

昭和55年調査以降、各世帯が居住する住宅の建て方を、次のとおり区分しています。

区分	内容
一戸建	１建物が１住宅であるもの なお、店舗併用住宅の場合でも、１建物が１住宅であればここに含みます。
長屋建	二つ以上の住宅を一棟に建て連ねたもので、各住宅が壁を共通にし、それぞれ別々に外部への出入口をもっているもの いわゆる「テラスハウス」も含みます。
共同住宅	棟の中に二つ以上の住宅があるもので、廊下・階段などを共用しているものや二つ以上の住宅を重ねて建てたもの ※ 　１階が店舗で、２階以上が住宅になっている建物も含みます。 ※ 　建物の階数及び世帯が住んでいる階により「１　・２階建」、「３～５階建」、「６～10階建」、「11～14階建」、「15階建以上」に5区分しています。
その他	上記以外で、例えば、工場や事務所などの一部に住宅がある場合

用語⑩ 労働力状態

「労働力状態」とは、調査年の９月24日から30日までの１週間（以下「調査週間」という。）に「仕事をしたかどうかの別」により、次のとおり区分したものです。

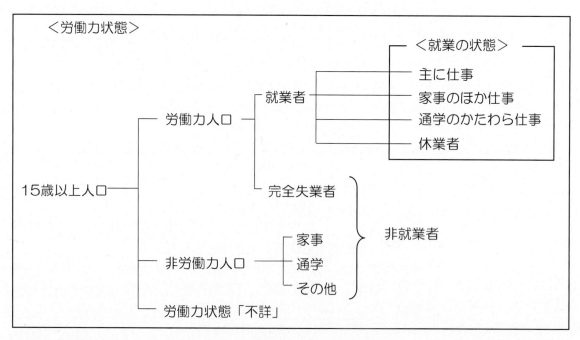

用語⑪ 労働力率

「労働力率」とは、15歳以上の人口（労働力状態「不詳」を除く。）に占める労働力人口の割合をいいます。

$$労働力率（％）＝\frac{労働力人口}{15歳以上人口（労働力状態「不詳」を除く。）}×100$$

用語⑫　夫婦共働き世帯数及び夫婦共働き世帯の割合

「夫婦共働き世帯」とは、夫・妻とも就業している世帯のことをいいます。

この本では、夫婦共働き世帯の割合を以下の計算方法で算出しています。

$$夫婦共働き世帯の割合（％）＝\frac{夫・妻とも就業の一般世帯数}{夫・妻とも就業の一般世帯数＋夫が就業・妻が非就業の一般世帯数}×100$$

用語⑬　就業の形態

国勢調査では、就業の形態を「従業上の地位」として区分しています。「従業上の地位」とは、就業者について、調査週間中にその人が事業を営んでいるか、雇用されているかなどによって、以下のとおり区分したものです。

区分		内容
雇用者		会社員・工員・公務員・団体職員・個人商店の従業員・住み込みの家事手伝い・日々雇用されている人・パートタイムやアルバイトなど、会社・団体・個人や官公庁に雇用されている人で、次にいう「役員」でない人
	正規の職員・従業員	勤め先で一般職員又は正社員と呼ばれている人
	労働者派遣事業所の派遣社員	労働者派遣法（「労働者派遣事業の適正な運営の確保及び派遣労働者の就業条件の整備等に関する法律」）に基づく労働者派遣事業所に雇用され、そこから派遣されている人
	パート・アルバイト・その他	・　就業の時間や日数に関係なく、「パートタイマー」、「アルバイト」又はそれらに近い名称で呼ばれている人 ・　専門的職種に従事させることを目的に契約に基づき雇用される「契約社員」や、労働条件や雇用期間に関係なく、勤め先で「嘱託職員」又はそれに近い名称で呼ばれている人
役員		会社の社長・取締役・監査役、団体・公益法人や独立行政法人の理事・監事などの役員
雇人のある業主		個人経営の商店主・工場主・農業主などの事業主や開業医・弁護士などで、雇人がいる人
雇人のない業主		個人経営の商店主・工場主・農業主などの事業主や開業医・弁護士・著述家・家政婦などで、個人又は家族とだけで事業を営んでいる人
家族従業者		農家や個人商店などで、農仕事や店の仕事などを手伝っている家族
家庭内職者		家庭内で賃仕事（家庭内職）をしている人

用語⑭　産業

「産業」とは、就業者について、調査週間中にその人が実際に仕事をしていた事業所の主な

事業の種類によって分類したものをいいます（「休業者」（調査週間中仕事を休んでいた人）については、その人がふだん仕事をしている事業所の主な事業の種類）。

用語⑮　職業

　「職業」とは、就業者について、調査週間中、その人が実際に従事していた仕事の種類によって分類したものをいいます（「休業者」（調査週間中仕事を休んでいた人）については、その人がふだん従事している仕事の種類）。

　なお、従事した仕事が二つ以上ある場合、その人が主に従事した仕事の種類によっています。

用語⑯　昼夜間人口比率

　ア　「夜間人口」とは、調査時にその地域に常住している人口のことです。

　イ　「昼間人口」とは、次の式により算出された人口のことです。

　　　【昼間人口】＝【夜間人口】－【通勤・通学によってその地域から出る人口】
　　　　　　　　　　＋【通勤・通学によってその地域へ入る人口】

　ウ　「昼夜間人口比率」とは、夜間人口100人当たりの昼間人口のことです。比率が高いほど昼間に人が多いことを表します。会社、学校が多い地域では比率が高く、住宅地では比率が低くなる傾向があります。

用語⑰　転入、転出

　「5年前の常住地」とは、その世帯の世帯員が5年前にふだん居住（常住）していた場所をいいます。転入とは、5年前の常住地が他県又は国外の者をいい、転出とは、5年前の常住者のうち、現在の常住地が他県の者をいいます。

用語⑱　移動率

　「移動率」とは、調査時現在の常住地が5年前の常住地と異なる人の割合をいいます。この本では、移動率を以下の計算方法で算出しています。

$$移動率（\%）＝\frac{5年前の常住地が自市町村内（現住所以外）＋県内他市区町村＋他県＋国外}{調査時現在の常住者の数}×100$$

用語⑲　最終卒業学校

　最終卒業学校の種類により、次のとおり区分しています。

　なお、中途退学した人は、その前の卒業学校を最終卒業学校としています。

区分	学校の例
小学校	【新制】小学校　義務教育学校の前期課程　特別支援学校（盲学校・ろう学校・養護学校）の小学部
	【旧制】国民学校の初等科　尋常小学校 （※　高等小学校・国民学校の高等科の場合は、学校区分は「中学」となります）
中学校	【新制】中学校　義務教育学校の後期課程　中等教育学校の前期課程　特別支援学校（盲学校・ろう学校・養護学校）の中学部
	【旧制】高等小学校　国民学校の高等科　逓信講習所普通科 　　　　青年学校普通科　実業補習学校

高校・旧中	【新制】	高等学校　中等教育学校の後期課程 特別支援学校（盲学校・ろう学校・養護学校）の高等部 准看護師（婦）養成所　高等学校卒業程度認定試験の合格者[注]
	【旧制】	高等学校尋常科　尋常中学校　高等中学校予科 高等女学校　実業学校（農業・工業・商業・水産学校など） 師範学校予科又は師範学校一部（３年修了のもの） 逓信講習所高等科 鉄道教習所中等部・普通部（昭和24年までの卒業者） 青年学校本科
短大・高専	【新制】	短期大学　高等専門学校　都道府県立の農業者研修教育施設 看護師（婦）養成所　専門職短期大学
	【旧制】	高等学校高等科　大学予科　高等師範学校　青年学校教員養成所 図書館職員養成所　高等逓信講習所本科
大学		大学　水産大学校専門学科・専攻科　防衛大学校本科 防衛医科大学校医学科・看護学科　放送大学全科履修生 気象大学校大学部　専門職大学　職業能力開発総合大学校の長期課程（平成11年４月以降）
大学院		大学院　専門職大学院　水産大学校研究科　防衛大学校研究科 防衛医科大学校医学研究科　放送大学修士全科生

注）平成16年度までの大学入学資格検定規程による試験の合格者も含めます。

専修学校・各種学校については、入学資格や修業年数により、以下のとおり区分しています。

専修学校・各種学校		学校区分
専修学校専門課程 （専門学校）	新高卒を入学資格とする修業年限４年以上のもの[注]	大学
	新高卒を入学資格とする修業年限２年以上４年未満のもの	短大・高専
専修学校高等課程 （高等専修学校）	中学卒を入学資格とする修業年限３年以上のもの	高校・旧中
各種学校	新高卒を入学資格とする修業年限２年以上のもの	短大・高専
	中学卒を入学資格とする修業年限３年以上のもの	高校・旧中

注）　平成18年３月までの卒業者は「短大・高専」

≪注意点≫

・高等学校、短期大学及び大学については、定時制やこれらの学校の卒業資格が得られる通信教育による課程も含めます。

・大学院については、修士課程（修士相当の課程を含む）以上を修了した場合に、「卒業」としています。ただし、修士課程を修了していても、大学院の博士課程に引き続き在学している場合には、「在学中」としています。

・外国の学校については、修業年限等により、それに相当する学校に区分しています。

用語⑳　利用交通手段

　従業地・通学地に通勤・通学するためにふだん利用している交通手段の種類により、次のとおり区分しています。

　なお、通勤も通学もしている人については通勤に利用している交通手段を、徒歩以外に２種類以上を利用している場合はその全ての交通手段を、日によって異なる場合は主として利用している交通手段を、行きと帰りが異なる場合は「行き」の利用交通手段をそれぞれ集計しています。

　区分とその内容は次のとおりです。

区分	内容
徒歩のみ	徒歩だけで通勤又は通学している場合
鉄道・電車	電車・気動車・地下鉄・路面電車・モノレールなどを利用している場合
乗合バス	乗合バス（トロリーバスを含む。）を利用している場合
勤め先・学校のバス	勤め先の会社や通学先の学校の自家用バスを利用している場合 従業員の送迎用に会社が借り上げたバスを利用している場合も含みます。
自家用車	自家用車（事業用と兼用の自家用車を含む。）を利用している場合 勤め先の乗用車を利用している場合も含みます。
ハイヤー・タクシー	ハイヤー・タクシーを利用している場合 勤め先が雇い上げたハイヤー・タクシーを利用している場合も含みます。
オートバイ	オートバイ・モーターバイク・スクーターなどを利用している場合
自転車	自転車を利用している場合
その他	船・ロープウェイなど、上記以外の交通手段を利用している場合

用語㉑　人口ピラミッド

　「人口ピラミッド」とは、男女の年齢別の人口の棒グラフを上に積み上げたものです。男女共に年齢が低いほど人口が多く、年齢が高いほど人口が少ない場合に、グラフがピラミッド型となることから、このように呼びます。

用語㉒　M字カーブ

　「M字カーブ」とは、女性の労働力率を年齢別に表したグラフのことです。20歳代・40歳代で働く女性が多い一方、30歳代は結婚・出産・子育てなどにより仕事から離れる女性が多いことから、グラフが「M」の字を描くので、このようにいわれています。

用語㉓　正規雇用率

　「正規雇用率」とは、雇用者に占める正規の職員・従業員の割合をいいます。

$$正規雇用率（\%）＝\frac{正規の職員・従業員}{雇用者}×100$$

用語㉔　L字カーブ

　「L字カーブ」とは、女性の正規雇用率を年齢別に表したグラフのことです。女性の正規雇用

率が20歳代後半でピークを迎えた後、低下を続けることから、グラフが「L」の字を描くので、このようにいわれています。

用語㉕　不詳補完値

　令和2年国勢調査では、結果利用者の利便性向上を図るため、主な項目の集計結果（原数値）に含まれる「不詳」をあん分等によって補完した「不詳補完値」を算出し、これを表章した統計表を参考表として提供しています。

　また、5年前との比較を可能にするため、平成27年国勢調査を同様の方法で遡及集計した結果（不詳補完値）を提供しています。

令和2年国勢調査　概要及び調査票

調査の目的及び沿革

　国勢調査は、我が国の人口・世帯の状況を明らかにするため、大正9年以来ほぼ5年ごとに行っており、令和2年国勢調査はその21回目に当たり、実施100年の節目となる調査です。

　国勢調査は、大正9年を初めとする10年ごとの大規模調査と、その中間年の簡易調査とに大別され、今回の令和2年国勢調査は大規模調査に当たります。

　両者の差異は、主として調査事項の数にあります。その内容をみると、戦前は、大規模調査の調査事項としては男女、年齢、配偶関係等の人口の基本的属性及び産業、職業等の経済的属性であり、簡易調査の調査事項としては人口の基本的属性のみに限っていました。戦後は、国勢調査結果に対する需要が高まったことから調査事項の充実を図り、大規模調査の調査事項には人口の基本的属性及び経済的属性のほか住宅、人口移動、教育に関する事項を加え、簡易調査の調査事項には人口の基本的属性のほか経済的属性及び住宅に関する事項を加えています。

　なお、沖縄県は、昭和47年5月15日に我が国に復帰し、50年の国勢調査から調査地域となりましたが、復帰前の沖縄県においても、琉球列島軍政本部又は琉球政府によって5回の国勢調査を実施しています。

調査の期日

　令和2年国勢調査は、令和2年10月1日午前零時（以下「調査時」という。）現在によって行いました。

調査の法的根拠

　令和2年国勢調査は、統計法（平成19年法律第53号）第5条第2項の規定に基づき、同法に定める「基幹統計調査」（国勢統計を作成するための調査）として実施しました。

　また、調査の実施に関する具体的な事項は、統計法の下に定める次の法令に基づいて行いました。
- 国勢調査令（昭和55年政令第98号）
- 国勢調査施行規則（昭和55年総理府令第21号）
- 国勢調査の調査区の設定の基準等に関する省令（昭和59年総理府令第24号）

調査の地域

　令和2年国勢調査は、我が国の地域のうち、国勢調査施行規則第1条に規定する次の島を除く地域において行いました。
① 歯舞群島、色丹島、国後島及び択捉島
② 島根県隠岐郡隠岐の島町にある竹島

調査の対象

　令和2年国勢調査は、調査時において、以下①、②を除く、本邦内に常住している全て

の者について行いました。

① 外国政府の外交使節団・領事機関の構成員（随員を含む。）及びその家族
② 外国軍隊の軍人・軍属及びその家族

ここでいう「常住している者」とは、当該住居に３か月以上にわたって住んでいるか、又は住むことになっている者をいい、３か月以上にわたって住んでいる住居又は住むことになっている住居のない者は、調査時現在いた場所に「常住している者」とみなしました。

≪注意点≫

次の者については、それぞれに述べる場所に「常住している者」とみなしてその場所で調査しました。

ア　学校教育法（昭和22年法律第26号）第１条に規定する学校、同法第124条に規定する専修学校若しくは同法第134条第１項に規定する各種学校又は就学前の子どもに関する教育、保育等の総合的な提供の推進に関する法律（平成18年法律第77号）第２条第７項に規定する幼保連携型認定こども園に在学している者で、通学のために寄宿舎、下宿その他これらに類する宿泊施設に宿泊している者は、その宿泊している施設

イ　病院又は診療所（患者を入院させるための施設を有するものに限る。）に引き続き３か月以上入院している者は、その病院又は診療所、それ以外の者は３か月以上入院の見込みの有無にかかわらず自宅

ウ　船舶（自衛隊の使用する船舶を除く。）に乗り組んでいる者で陸上に生活の本拠を有する者はその生活の本拠である住所、陸上に生活の本拠のない者はその船舶

　　なお、後者の場合は、日本の船舶のみを調査の対象とし、調査時に本邦の港に停泊している船舶のほか、調査時前に本邦の港を出港し、途中外国の港に寄港せず調査時後５日以内に本邦の港に入港した船舶について調査しました。

エ　自衛隊の営舎内又は自衛隊の使用する船舶内の居住者は、その営舎又は当該船舶が籍を置く地方総監部（基地隊に配属されている船舶については、その基地隊本部）の所在する場所

オ　刑務所、少年刑務所又は拘置所に収容されている者のうち死刑の確定した者及び受刑者並びに少年院又は婦人補導院の在院者は、その刑務所、少年刑務所、拘置所、少年院又は婦人補導院

調査事項

令和２年国勢調査では、男女の別、出生の年月など世帯員に関する事項を15項目、世帯の種類、世帯員の数など世帯に関する事項を４項目、合計19項目について調査しました。

報告者負担の軽減等の観点から、「住宅の床面積」の調査事項は廃止しました。

（世帯員に関する事項）

1	氏名	2	男女の別
3	出生の年月	4	世帯主との続き柄
5	配偶の関係	6	国籍
7	現在の住居における居住期間	8	５年前の住居の所在地
9	在学、卒業等教育の状況	10	就業状態
11	所属の事業所の名称及び事業の種類（産業）	12	仕事の種類（職業）
13	従業上の地位	14	従業地又は通学地
15	従業地又は通学地までの利用交通手段		

（世帯に関する事項）

1	世帯の種類	2	世帯員の数
3	住居の種類	4	住宅の建て方

調査の方法

1 調査票

調査に用いた調査票は、直接、光学式文字読取装置で読み取りが可能で、１枚に４名分記入できる連記票のOCR調査票のほか、オンライン調査のための電子調査票、高齢者や外国人などができるだけ記入しやすくするための補助用調査票として拡大文字調査票、点字調査票、外国語調査票（27言語）及びExcel調査票を使用しました。

2 調査区設定

調査の実施に先立ち、令和元年10月１日現在で、令和２年国勢調査調査区を設定し、調査区の境界を示す地図を作成しました。調査区は、原則として１調査区におおむね50世帯が含まれるように設定しました。

なお、調査区は、平成２年国勢調査から恒久的な単位区域として設定している基本単位区を基に構成しています。

3 調査の流れ

令和２年国勢調査は、総務省（統計局）－都道府県－市区町村－国勢調査指導員－国勢調査員－世帯の流れにより行いました。

ただし、マンション等の共同住宅や社会福祉施設等において、調査票の配布・回収等の調査員事務を特定の事業者に業務委託した方が効率的に調査を実施できる調査区においては、調査員事務を市区町村が当該事業者に委託して実施することができるものとしました。

4 調査票の配布等

令和２年国勢調査は、令和２年９月14日から国勢調査員が世帯を訪問し、インターネットで回答するための書類と紙の調査票を同時に配布する方法により実施しました。

調査の回答は、インターネット、郵送、調査員への提出の三つの方法があり、インターネット回答は、郵送提出・調査員への提出より先行して行えることとしました。

ただし、世帯員の不在等の事由により、前述の方法による調査ができなかった世帯

については、国勢調査員が、当該世帯について「氏名」、「男女の別」及び「世帯員の数」の３項目をその近隣の者に質問することにより調査しました。

集計及び結果の公表

国に集められた調査票は、データ入力、産業分類符号などの符号付けをした後、調査票の欠測値や記入内容の矛盾などについて精査し、集計します。

調査結果は集計が完了した後、インターネットを利用する方法等により公表します。

なお、原則として、全ての統計表を政府統計の総合窓口（e-Stat）に掲載します。

令和2年国勢調査調査票（様式）

㊙ 基幹統計調査

政府統計

国勢調査調査票

令和2年10月1日　総務省統計局

国勢調査は，統計法に基づき政府が実施する統計調査です。秘密の保護には万全を期していますので，ありのままを記入してください。

世帯について
(調査票が2枚以上にわたる場合は1枚目のみに記入してください)

1 世帯員の数
・ふだん住んでいる人全員の人数を書いてください

総数	男	女
□□□人	□□□人	□□□人

2 住居の種類

持ち家	都道府県・市区町村営の賃貸住宅	都市再生機構・公社等の賃貸住宅	民営の賃貸住宅	給与住宅（社宅・公務員住宅など）	住宅に間借り	会社等の独身寮・寄宿舎	その他
○	○	○	○	○	○	○	○

記入は黒の鉛筆で

数字は右づめに　□□④人

数字の記入例

たて線1本　すきまをあける　とじる
1234567890
はねない　上につきあける　角をつける

○ 黒の鉛筆で記入し，間違えた場合は，消しゴムできれいに消してください。

○ 記入欄が○の場合は，当てはまる○を●のようにぬりつぶしてください。

○ 数字を記入する場合は，わくの中に右づめで書いてください。

世帯員全員について （世帯員ごとに記入してください）

3 氏名及び男女の別
・ふだん住んでいる人をもれなく書いてください

	1 (氏名)	2 (氏名)	3 (氏名)	4 (氏名)
	男 ○ 女 ○	男 ○ 女 ○	男 ○ 女 ○	男 ○ 女 ○

4 世帯主との続き柄
・世帯主の配偶者（妻又は夫）の祖父母・兄弟姉妹はそれぞれ祖父母・兄弟姉妹に含めます
・孫の配偶者は孫に　兄弟姉妹の配偶者は兄弟姉妹に含めます

各欄：世帯主又は代表者／世帯主の配偶者／子／子の配偶者／世帯主の父母／配偶者の父母／孫／祖父母／兄弟姉妹／他の親族／住み込みの雇人／その他

5 出生の年月
・該当する元号又は西暦に記入したうえで年及び月を書いてください
・年を西暦で記入する場合は西暦年の4桁を書いてください

各欄：明治　大正　昭和　平成　令和　西暦　□□□□年□□月

6 配偶者の有無
・届出の有無に関係なく記入してください

各欄：未婚（幼児などを含む）　配偶者あり　死別　離別

7 国籍
・国籍を記入し外国の場合は国名も書いてください

各欄：日本　外国（国名）

8 現在の場所に住んでいる期間
・生まれてから引き続き現在の場所に住んでいる場合は　出生時からのみに記入してください

各欄：出生時から　出生時から以外　1年未満／1〜5年未満／5〜10年未満／10〜20年未満／20年以上　→ウラ側へ／9欄へ／ウラ側へ

9 5年前（平成27年10月1日）にはどこに住んでいましたか
・平成27年10月1日より後に生まれた人については　出生後にふだん住んでいた場所を記入してください
・5年前に同じ市内の他の区に住んでいた場合は他の区・市町村に記入してください
・他の区・市町村の場合は都道府県・市区町村名も書いてください
（東京都区部と政令指定都市の場合は区名まで）

各欄：現在と同じ場所　同じ区・市町村内の他の場所　他の区・市町村　外国　（住んでいた場所を記入）（左づめで記入）

電話番号（わからないことがあった場合　問合せに利用いたします）

➡ ➡ ➡ ウラ側（第2面）も記入してください ➡ ➡ ➡ ➡

「調査票の記入のしかた」を参照して　黒い太わくの中に記入してください

【ウラ側も記入してください】

調査員記入欄

世帯の種類

一般世帯（一人世帯　会社等の独身寮の入居者を含む）	学校の寮・寄宿舎の学生・生徒	病院・療養所の入院者	老人ホーム等の社会施設の入所者	その他
○	○	○	○	○

住宅の建て方

一戸建	長屋建（テラスハウスを含む）	共同住宅（アパート・マンションなど）	その他	建物全体の階数	この世帯の住宅がある階
○	○	○	○	□□階建 →	□□階

市区町村コード □□□□□　調査区番号 □□□□-□-□□　世帯番号 □□□□

この世帯の調査票 □□枚のうち □□枚目

事務使用欄 □□行

第1面 1

せー3

53

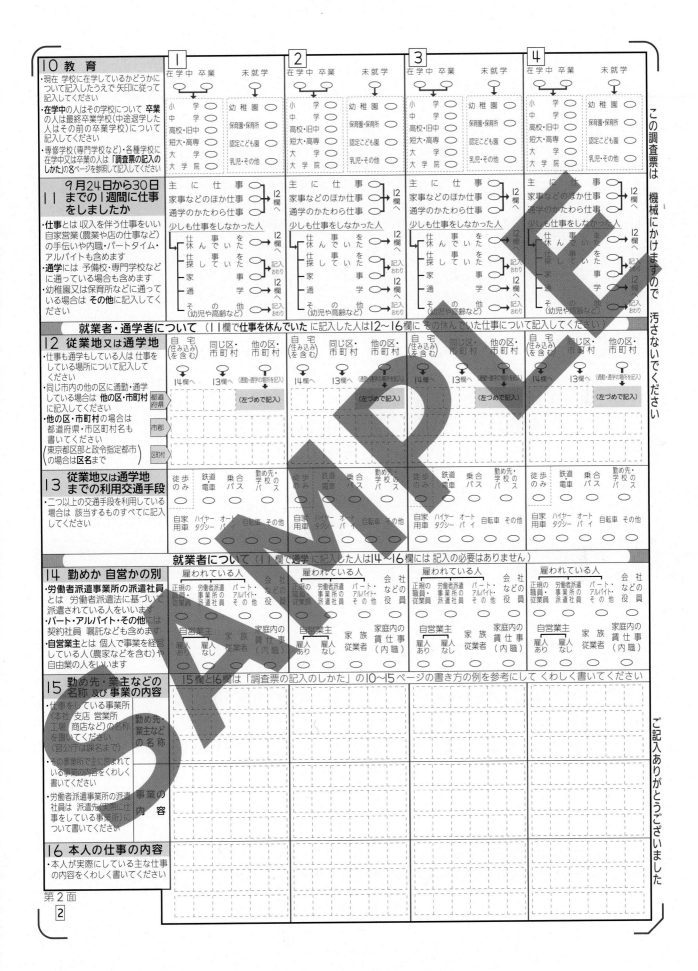

調査結果の利用方法

令和2年国勢調査の結果については、インターネット、報告書等で利用できます。
詳細については、「調査結果の利用案内　―ユーザーズガイド―」をご覧ください。

令和2年国勢調査　調査結果の利用案内　―ユーザーズガイド―
　　インターネット版
　　　https://www.stat.go.jp/data/kokusei/2020/kekka/sankou.html
　　冊子版
　　　各都道府県・市区町村の統計主管課又は都道府県立図書館にお問い合わせください。

1　インターネットでの利用方法

国勢調査の結果は、総務省統計局又は政府統計の総合窓口（e-Stat）ホームページから利用することができます。

総務省統計局ホームページ
　　https://www.stat.go.jp/index.html
政府統計の総合窓口（e-Stat）ホームページ
　　https://www.e-stat.go.jp/

2　報告書等での利用方法（刊行予定については次ページを参照）

国勢調査の結果は、インターネット等により公表した後、主な結果を収録した報告書や、調査結果の解説を刊行します。

報告書等は、総務省統計図書館のほか、都道府県立図書館などで閲覧できます。

総務省統計図書館の連絡先は、以下のとおりです。

総務省統計図書館　　　　〒162-8668　東京都新宿区若松町19-1
　　　　　　　　　　　　　　　　　　　TEL 03(5273)1132
　　　　　　　　　https://www.stat.go.jp/library/index.html

3　その他

その他、国勢調査の結果の利用等に関しての詳細は以下へお問い合わせください。

総務省統計局統計調査部国勢統計課　　〒162-8668　東京都新宿区若松町19-1
審査発表係　　　　　　　　　　　　　　　　TEL 03(5273)1156

令和2年国勢調査　報告書等の刊行予定

1　令和2年国勢調査報告

　「令和2年国勢調査報告」とは、全国、都道府県別、市区町村別の結果及び人口集中地区の結果のうち、主なものを収録したもので、インターネット等により全国結果を公表した後に刊行します。それぞれの報告書の種類、収録統計表の主な内容及び刊行予定時期は、下の表のとおりです。

令和2年国勢調査報告の構成（予定）

報告書の種類	収録統計表の主な内容	刊行（予定）時期
第1巻　人口等基本集計結果 　　その1　全国編 　　その2　都道府県・市区町村編 　　（6分冊）	＊人口の男女・年齢・配偶関係別構成 ＊世帯の構成・住居の状態 ＊高齢者世帯の状況 ＊外国人のいる世帯の状況	令和4年8月
第2巻　就業状態等基本集計結果 　　その1　全国編 　　その2　都道府県・市区町村編 　　（6分冊）	＊人口の労働力状態別構成 ＊就業者の産業・職業大分類別構成	令和5年3月
第3巻　従業地・通学地集計結果及び人口 　　　　移動集計結果 　　その1　全国編 　　その2　都道府県・市区町村編 　　（6分冊）	＊従業地・通学地による人口（昼間人口）の男女・年齢別構成 ＊就業者・通学者の従業地・通学地 ＊人口の転出入状況	令和5年度内
第4巻　抽出詳細集計結果 　　その1　全国編 　　その2　都道府県・市区町村編 　　（6分冊）	＊産業・職業の詳細な分類（小分類）でみた就業者の構成	令和5年度内
最終報告書　日本の人口・世帯 　　上巻　解説・資料編 　　下巻　統計表編	＊公表結果の内容等の概要	令和5年度内

◆　都道府県・市区町村編（6分冊）に係る収録都道府県一覧

分冊		収録都道府県
①	北海道・東北	北海道、青森県、岩手県、宮城県、秋田県、山形県、福島県
②	関東	茨城県、栃木県、群馬県、埼玉県、千葉県、東京都、神奈川県
③	中部	新潟県、富山県、石川県、福井県、山梨県、長野県、岐阜県、静岡県、愛知県、三重県
④	近畿	滋賀県、京都府、大阪府、兵庫県、奈良県、和歌山県
⑤	中国・四国	鳥取県、島根県、岡山県、広島県、山口県、徳島県、香川県、愛媛県、高知県
⑥	九州・沖縄	福岡県、佐賀県、長崎県、熊本県、大分県、宮崎県、鹿児島県、沖縄県

2 調査結果の利用案内－ユーザーズガイド－

どのような種類の結果をいつ公表するのか、またその利用方法についてまとめたものです。

名称	内容の概略	刊行時期
調査結果の利用案内 －ユーザーズガイド－	結果の公表時期・利用方法についてまとめたもの	令和3年3月

3 解説シリーズ

「解説シリーズ」とは、国勢調査の結果をインターネット等により公表した後に、過去の調査と比較した結果や解説を加えた報告書です。

令和2年国勢調査 解説シリーズの構成（予定）

報告書の種類	内容の概略	刊行（予定）時期
ライフステージでみる日本の人口・世帯 （本書）	日本の人口及び世帯について、ライフステージ別に解説したもの	令和5年3月
POPULATION AND HOUSEHOLDS OF JAPAN	我が国の人口及び世帯の地域分布、構造及びそれらの動向を英語で分析、解説したもの	令和5年度内

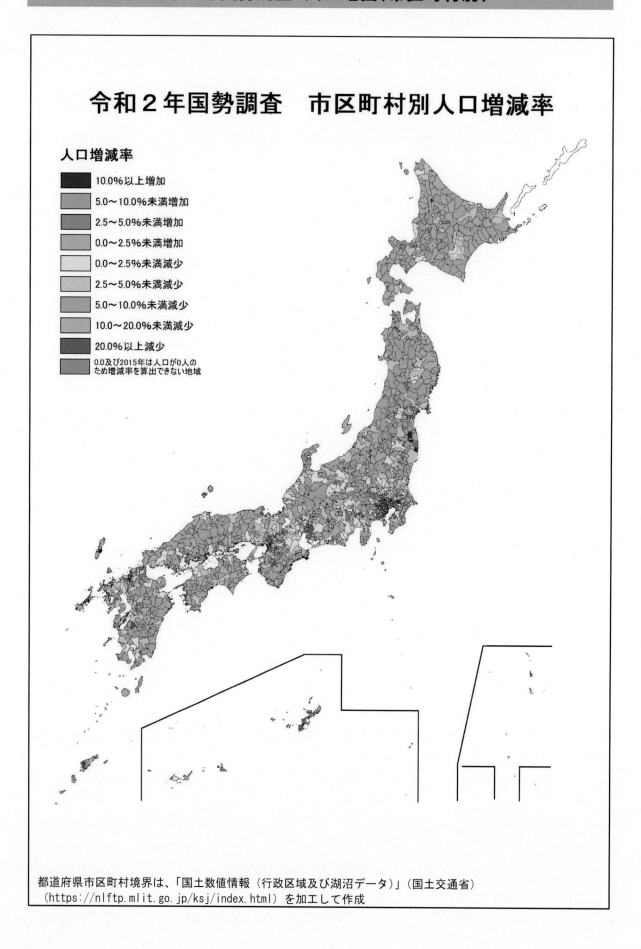

令和2年国勢調査　市区町村別65歳以上人口の割合

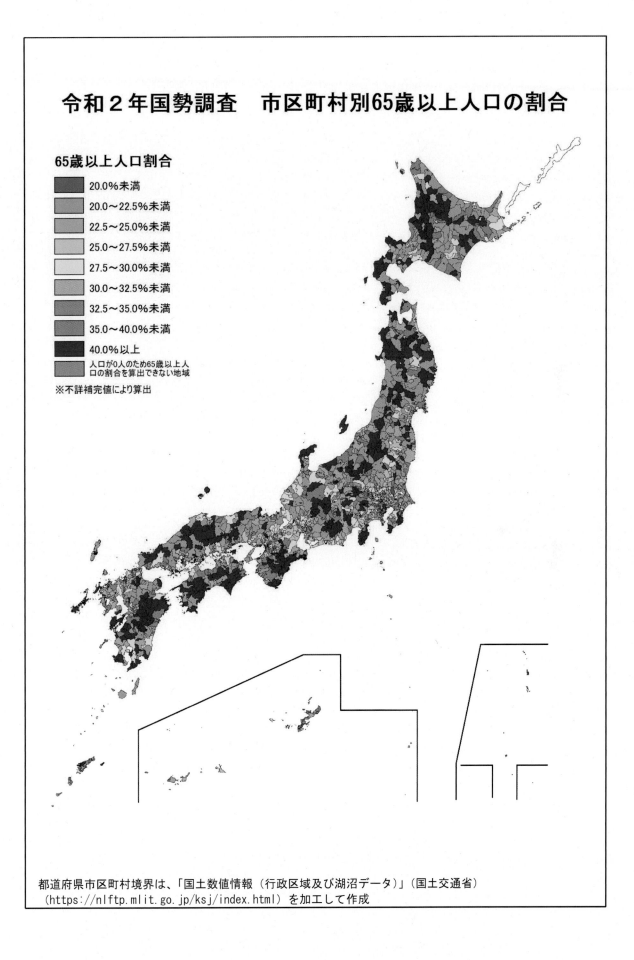

65歳以上人口割合

- 20.0%未満
- 20.0～22.5%未満
- 22.5～25.0%未満
- 25.0～27.5%未満
- 27.5～30.0%未満
- 30.0～32.5%未満
- 32.5～35.0%未満
- 35.0～40.0%未満
- 40.0%以上
- 人口が0人のため65歳以上人口の割合を算出できない地域

※不詳補完値により算出

都道府県市区町村境界は、「国土数値情報（行政区域及び湖沼データ）」（国土交通省）
（https://nlftp.mlit.go.jp/ksj/index.html）を加工して作成

令和2年国勢調査 ライフステージでみる日本の人口・世帯	発　行　一般財団法人　日 本 統 計 協 会 Published by Japan Statistical Association 東京都新宿区百人町2丁目4番6号メイト新宿ビル内 Meito Shinjuku Bldg, 2-4-6, Hyakunincho, Shinjuku-ku, Tokyo, 169-0073 Ｔ Ｅ Ｌ　:(03)5332-3151　　Ｆ Ａ Ｘ：(03)5389-0691 E-mail　:jsa@jstat.or.jp 振　　替：00120-4-1944
令和5年3月発行　　　定価：1,210円（本体価格 1,100円 ＋ 税10%） Issued in March 2023 Price: 1,210yen (1,100yen + tax10%)	
編集：総務省統計局	印　　刷：昭和情報プロセス株式会社

ISBN978-4-8223-4179-4　C0033　¥1100E